Primi Interventi di Conservazione sui Reperti Mobili nello Scavo Archeologico

Michela Capogrossi

BAR International Series 1068
2002

Published in 2019 by
BAR Publishing, Oxford

BAR International Series 1068

Primi Interventi di Conservazione sui Reperti Mobili nello Scavo Archeologico

ISBN 9781841713137 paperback
ISBN 9781407324586 e-book

DOI https://doi.org/10.30861/9781841713137

A catalogue record for this book is available from the British Library

This book is available at www.barpublishing.com

BAR Publishing is the trading name of British Archaeological Reports (Oxford) Ltd.
British Archaeological Reports was first incorporated in 1974 to publish the BAR
Series, International and British. In 1992 Hadrian Books Ltd became part of the BAR
group. This volume was originally published by John and Erica Hedges in conjunction
with British Archaeological Reports (Oxford) Ltd / Hadrian Books Ltd, the Series
principal publisher, in 2002. This present volume is published by BAR Publishing,
2019.

BAR
PUBLISHING

BAR titles are available from:

BAR Publishing
122 Banbury Rd, Oxford, OX2 7BP, UK
EMAIL   info@barpublishing.com
PHONE   +44 (0)1865 310431
FAX   +44 (0)1865 316916
www.barpublishing.com

Indice

Prefazione

Il lavoro della dott.ssa Capogrossi viene a colmare una lacuna esistente nei manuali relativi alle tecniche di scavo e di intervento sul campo: la conoscenza di strumenti idonei a preservare e proteggere le testimonianze archeologiche è indispensabile per la salvaguardia dei manufatti, la loro conservazione nel tempo e quindi la loro leggibilità.

Nella consapevolezza che ogni azione di scavo implica distruzione e nella considerazione che ormai gli interventi sul campo necessitano di équipes interdisciplinari ben organizzate, è importante conoscere sia i numerosi fattori che possono essere causa di deterioramento, sia le modalità - dal prelievo all'imballaggio finale - con le quali i manufatti vengono trattati, in modo attualmente non sempre ottimale.

Un attento studio dei diversi materiali costituenti i manufatti (ceramica, vetro, metallo e la vastissima gamma dei materiali organici), delle loro proprietà, delle cause di deterioramento e delle possibilità di intervento, costituisce la parte centrale del lavoro, caratterizzata da specifiche competenze e insieme da un'utile concretezza nell'esposizione dei dettagli.

Uno degli aspetti più interessanti è quello rappresentato dal delinearsi di una figura professionale specifica, ancora inesistente in Italia, quella dell'archeologo-conservatore, competente in varie discipline naturalistiche oltre che archeologiche, che garantisca il recupero e la conservazione ottimale del materiale venuto alla luce, filtro tra l'archeologo e il restauratore, capace di colmare quel "vuoto" temporale di intervento che separa lo scavo dal restauro.

Alessandra Manfredini

Roma, settembre 2002

Introduzione

"Ciò che fa di Argia diversa dalle altre città è che invece d'aria ha terra. Le vie sono completamente interrate, le stanze sono piene d'argilla fino al soffitto, sulle scale si posa un'altra scala in negativo, sopra i tetti delle case gravano strati di terreno roccioso come cieli con le nuvole. Se gli abitanti possano girare per la città allargando i cunicoli dei vermi e le fessure in cui s'insinuano le radici, non lo sappiamo: l'umidità sfascia i corpi e lascia loro poche forze; conviene che restino fermi e distesi, tanto è buio. Di Argia, da qua sopra, non si vede nulla; c'è chi dice: «E' là sotto» e non resta che crederci; i luoghi sono deserti. Di notte, accostando l'orecchio al suolo, alle volte si sente una porta che sbatte."

I. Calvino, *Le città invisibili.*

Il problema della conservazione del patrimonio culturale e dei principi deontologici che dovrebbero sottendere ogni lavoro d'indagine archeologica è affrontato già da molti anni a livello internazionale.

Nella conferenza generale dell'UNESCO che si tenne a Nuova Delhi, il 5 dicembre del 1956, l'organizzazione mondiale formulò alcuni principi generali per la protezione del patrimonio archeologico e raccomandò agli Stati Membri di adottarli, nel rispetto delle singole specificità legislative e culturali. Il documento fu redatto con la precisa convinzione dell'importanza che le autorità locali, responsabili della protezione dei siti archeologici (dei reperti mobili e delle strutture fisse), dovessero essere guidate da principi comuni testati dall'esperienza e messi in pratica dai singoli servizi archeologici nazionali[1]. Per quanto concerne l'Italia, negli anni Cinquanta l'organo preposto alla tutela dei beni culturali era la "Direzione generale delle antichità e belle arti", inserita nell'allora Ministero dell'Istruzione Pubblica, e la legge vigente che disciplinava la ricerca archeologica, le concessioni di scavo e la tutela specifica del bene archeologico era la n. 1089 del 1939[2].

La "Carta di Venezia", redatta in occasione del secondo congresso internazionale degli architetti e dei tecnici dei monumenti storici, tenutosi a Venezia nel maggio 1964, rappresenta una forte approvazione del documento UNESCO del 1956, ribadendo, nell'articolo 15, che ogni scavo dovrebbe essere condotto secondo le raccomandazioni dettate a Nuova Delhi, affermando, inoltre, che dovrebbero essere prese tutte le misure necessarie per la conservazione e la protezione delle strutture architettoniche e dei reperti rinvenuti[3].

Un altro passo importante nel campo della conservazione archeologica è il documento emanato dalla dodicesima sessione dell'assemblea generale dell'ICCROM (International Centre for the Study of the Preservation and the Restoration of Cultural Property), che si è tenuta a Roma nel maggio 1983, dove, in base alle considerazioni che la ricerca archeologica in alcuni casi può ignorare o essere in contraddizione con i bisogni primari della conservazione, che molti dei risultati degli scavi non sono pubblicati e tenendo presente quanto già dichiarato nel documento UNESCO, si raccomanda agli Stati Membri di:

---

[1] "Recommendation on International Principles Applicable to Archaeological Excavations", UNESCO 1956 - vedi appendice 1.

[2] Le due leggi italiane del 1939, sulla tutela delle cose di interesse artistico e storico (n. 1089) e sulla protezione delle bellezze naturali (n. 1497), sono rimaste sostanzialmente inalterate nei loro tratti essenziali, soltanto integrate da interventi successivi. Il Testo Unico (D.Lgs n. 490 del 29 ottobre 1999) ha recentemente riunito, in un solo corpo, tutto il materiale normativo riguardante i beni culturali. Ferri - Pacini 2001.

[3] Art.15: "Excavations should be carried out in accordance with scientific standards and the recommendation defining international principles to be applied in the case of archaeological excavation adopted by UNESCO in 1956. Ruins must be maintained and measures necessary for the permanent conservation and protection of architectural features and of objects discovered must be taken. Furthermore, every means must be taken to facilitate the understanding of the monument and to reveal it without ever distorting its meaning", Venice Charter 1964 - vedi appendice 2.

a)   fare in modo che i siti archeologici non vengano aperti - salvo condizioni
     particolari - senza prendere in considerazione le necessarie esigenze conservative;
b)   sospendere gli scavi se i relativi rapporti non sono forniti in tempi ragionevoli;
c)   considerare la pubblicazione dei risultati delle indagini archeologiche come parte
     integrante della ricerca e provvedere, quindi, ad un adeguato supporto finanziario;
d)   adottare le misure necessarie per un deposito appropriato e sicuro del materiale
     archeologico, per evitare la perdita o il deterioramento delle evidenze scientifiche e
     culturali (lo scarso monitoraggio del materiale agevola i traffici illeciti)[4].

Sempre l'ICCROM qualche anno dopo, nel 1985, organizzò una conferenza
all'Università di Ghent sulle misure preventive da adottare nella conduzione delle
indagini archeologiche e nella protezione dei siti. Lo studio delle misure preventive
sullo scavo, con riferimento a tutte le varie fasi, dall'organizzazione della missione al
trasporto dei materiali, fu tra i temi di maggior rilievo affrontati nella conferenza[5]. La
conservazione archeologica si occupa di una gamma di materiali che va dai reperti
paleobotanici alle strutture architettoniche, coinvolgendo numerosi specialisti:
archeologi, architetti, restauratori, chimici, fisici e biologi. Un così ampio spettro di
figure professionali potrebbe indurre a considerare il concetto di conservazione
archeologica non unitario ed estremamente artificioso, ma discipline e metodologie
diverse, applicate in questo campo, hanno un comune denominatore: arrestare tutte le
possibili cause di degrado del reperto, congelare, in fase di scavo (misure preventive), e
stabilizzare, in fase di restauro, le condizioni di rinvenimento, dando, alla comunità
scientifica attuale, la possibilità di recuperare il maggior numero d'informazioni e, alla
comunità scientifica futura, la possibilità di verificarle e di integrarle. Tale compito
implica una forte integrazione e un coordinamento tra i vari specialisti che operano sul
campo e una disponibilità a sacrificare di volta in volta, a seconda delle priorità, le
esigenze di un settore a favore dell'altro; se un reperto in un pessimo stato di
conservazione è particolarmente significativo, ma non può essere prelevato in sicurezza
se non effettuando il taglio della matrice di terra in cui è contenuto, si dovrà valutare
l'eventualità di sacrificare l'unità stratigrafica, facendo prevalere le esigenze
conservative a quelle dell'indagine archeologica in senso stretto. M. Planck sostiene:

*"Non basta che uno scienziato ricco di idee sia realmente versato nel proprio campo.
Se i suoi pensieri lungimiranti debbono essere fecondi gli devono essere parimenti
familiari i fatti ed i problemi dell'altro campo a cui si riferisce il suo lavoro."*[6].

Lo scavo di un contesto è un esperimento irripetibile[7]. E' l'unico mezzo per indagare il
passato sepolto, sia esso recente, supportato dalle fonti storiche e storiografiche, sia esso
antico, appartenente alla preistoria dell'uomo. La comprensione di un contesto
archeologico si ottiene 'smontandolo', procedendo all'indietro nel tempo, in senso
contrario ai suoi processi di formazione. Ogni azione di comprensione, distruggendo
'l'ordine delle cose', diventa così irreversibile ed irripetibile ed è per questo che uno
scavo, inteso come l'insieme delle azioni di comprensione e decodificazione di un
contesto, richiede, oltre alla capacità di astrazione, anche una piena consapevolezza
delle responsabilità assunte nella messa in luce, nella documentazione, nel prelievo e
nel trasporto dei reperti mobili e nella conservazione delle strutture fisse. Ogni
situazione non documentata è persa, così come ogni oggetto o struttura lasciata al
degrado del tempo, che per alcuni materiali può tradursi in poche ore, è un frammento
del nostro passato condannato all'oblio perpetuo.

*"Nella discesa entro i contesti stratificati è l'evidenza fragile, latente, incoerente e
eterogenea a rivelarsi sorprendente e più difficilmente integrabile nelle nostre abituali
conoscenze di ciò che è già letterariamente, artisticamente e antiquarialmente noto. Si
tratta di saper maneggiare delle sostanze pesanti e opache, che vanno sollevate al
piano aereo della conoscenza, con tutti i rischi di impoverimento e forzatura che si*

---

[4] Testo rivisto e tradotto dal documento ICCROM General Assembly 12th Session, Rome 10, 11 and 12 May
1983. Price 1995, p. ix - vedi appendice 4.
[5] Price 1986, pp. 11 - 19.
[6] Planck 1964, p. 307.
[7] Barker 1977, p. 11.

corrono quando si vuole tradurre un testo in un altro o una dimensione in un'altra, ma anche con la possibilità di dare una forma al casuale movimento della vita, di trasformare la terra in un libro."[8].

Scavare vuol dire, quindi, portare sul piano della conoscenza le testimonianze del passato che il tempo ha reso fragili e incoerenti, attraverso percorsi mai completamente fuori dal pericolo di un'interpretazione distorta dal soggettivo. Ogni analisi, ipotesi e ricostruzione del passato rimane valida fino a quando nuovi studi non siano in grado di elaborarne di migliori. Proprio per consentire alle generazioni future, anche grazie al progresso della tecnologia, la formulazione di ipotesi migliori, per permettere alla conoscenza di crescere e svilupparsi liberamente, bisogna essere in grado di prolungare il più possibile la 'vita' dei resti archeologici, considerando la conservazione non come appendice dello scavo ma come parte integrante di esso.

La conservazione preventiva sullo scavo è un argomento trattato anche dalla letteratura archeologica di ormai quasi cento anni fa: l'archeologo britannico W.M.F. Petrie suggeriva già nel 1904 di consolidare *in situ* con la cera i reperti ossei molto fragili[9]. Oggi questa disciplina sta assumendo un ruolo sempre più centrale, grazie all'interesse degli organismi internazionali per la tutela del patrimonio culturale e, in Italia, grazie alla sempre crescente attenzione delle università, degli enti e delle amministrazioni locali che stanno sviluppando dei settori di ricerca volti all'individuazione dei principali fattori di deterioramento delle strutture fisse e dei reperti mobili e allo studio degli interventi conservativi per la valorizzazione dei siti. Con il termine "reperti mobili" s'intende in genere tutto ciò che può essere prelevato ed asportato, ma non tutti gli studiosi sono completamente d'accordo con questa definizione, lo stesso N.S. Price riconosce una possibile ambiguità:

"Accepting the object/site terminology, it has to be recognized that many "immovable" remains (e.g., kilns, mosaics, stelae, temples) are in fact removed from a site for reasons perhaps of security, threatened destruction, "better" display or illegal sale"[10].

Perplessità che trova conferma nel documento emanato dall'UNESCO a Parigi, nel novembre 1978, in occasione della sua ventesima conferenza generale, in cui si affronta il problema della protezione del patrimonio culturale mobile, definendolo come l'insieme dei beni che rappresentano l'espressione e la testimonianza della creazione umana o dell'evoluzione della natura, che hanno valore e interesse archeologico, storico, artistico, scientifico e tecnologico. Nel documento si fornisce inoltre un ampio elenco di differenti categorie di beni mobili tra i quali figurano i reperti provenienti dallo smembramento dei monumenti storici[11].

In questo studio si sono analizzati i manufatti (ceramica, metallo, vetro, osso, avorio, legno e cuoio), i resti antropologici, paleobotanici e paleontologici da un punto di vista strutturale, individuando le principali proprietà chimiche, fisiche e meccaniche dei differenti materiali e i principali fattori di deterioramento, dovuti sia all'interazione con il suolo durante il periodo di giacitura, sia all'interazione con l'ambiente esterno dopo il prelievo. Si sono, inoltre, descritte le tecniche di primo intervento, i materiali utilizzati e le differenti applicazioni in funzione della natura e dello stato di conservazione dei reperti. Si è, infine, dato spazio ad una riflessione sulla necessità di una maggiore collaborazione tra l'archeologo e il restauratore sullo scavo e sulla possibilità di creare una figura professionale intermedia, in grado di dialogare con entrambi.

Gran parte di questo lavoro è stato reso possibile grazie alla collaborazione della Soprintendenza della Regione Valle d'Aosta, una delle amministrazioni regionali italiane che ha creduto nello sviluppo, nella sperimentazione e nella promozione dell'attività di conservazione preventiva sullo scavo.

Un particolare ringraziamento va inoltre alla Professoressa Alessandra Manfredini e al Professor Giorgio Manzi dell'Università di Roma "La Sapienza", per il sostegno umano e professionale.

---

[8] Carandini 1996, p. 9.
[9] Petrie 1904, p. 48.
[10] Price 1995, p. 2.
[11] "Recommendation for the Protection of Movable Cultural Property", UNESCO 1978 - vedi appendice 3.

Capitolo 1. La conservazione dei reperti mobili sullo scavo

1.1. Principali problematiche e fattori di deterioramento dei reperti

Qualunque struttura materiale, organica e inorganica, prodotta dall'uomo o esistente in natura, è soggetta a trasformazione attraverso un naturale processo di degrado. La modalità e la velocità di questa trasformazione dipendono dalla natura chimico-fisica degli elementi che la compongono e dall'interazione con l'ambiente circostante, ovvero da un insieme di fattori che possono essere sinteticamente ricondotti a quelle che in fisica sono indicate come condizioni iniziali e condizioni di contorno[12]. Nessun processo di degrado è arrestabile; compito della scienza della conservazione archeologica è di rallentare questo processo e di preservare il reperto nelle condizioni più vicino possibile a quelle di origine.

Qualunque materiale è soggetto a interazioni di tipo termico, igrometrico, meccanico e chimico con l'ambiente che lo circonda, in particolare con quello che viene definito il "microclima" ovvero lo spazio direttamente coinvolto in questo scambio energetico e compreso, in genere, tra una distanza di qualche metro e pochi millimetri dalla superficie del reperto.

Il materiale archeologico durante il periodo di permanenza nel sottosuolo si trova in un microclima caratterizzato da:

❖ assenza di luce;
❖ scarsa ossigenazione;
❖ temperatura[13] e umidità relativa stabili[14].

In queste condizioni, in base anche al chimismo del terreno, il reperto si trasforma e raggiunge, in genere, una nuova stabilità con l'ambiente circostante con il conseguente rallentamento dei fenomeni di deterioramento; la sua messa in luce rappresenta un evento traumatico, che sottopone la materia a nuove e molteplici sollecitazioni, distruggendo ogni equilibrio. Fuori dal 'guscio' del deposito, il materiale archeologico si trova in condizioni di temperatura e umidità relativa molto variabili, in un ambiente fortemente ossigenato e ricco di gas ed esposto alla luce (naturale o artificiale); inizia così una nuova ed ulteriore trasformazione violenta e rapida, che può portare alla completa distruzione dei reperti e alla perdita di tutte le informazioni in essi contenute. E' per limitare questo nuovo processo di degrado che la conservazione deve iniziare subito dopo la messa in luce ed essere concertata, prima dell'inizio dei lavori d'indagine, tra i vari responsabili. Ogni intervento di conservazione preventiva deve essere eseguito nel rispetto di alcuni fondamentali principi deontologici:

❖ essere reversibile e non invasivo;
❖ rientrare nell'ambito del minimo intervento utile a congelare lo stato di ritrovamento;
❖ non interferire con i principi dello scavo archeologico (ad esempio distruggendo le unità stratigrafiche) se non in condizioni ritenute indispensabili e inevitabili;
❖ non ostacolare ma semplificare i successivi interventi di restauro;
❖ essere documentato.

La conservazione preventiva, per essere accettata come prassi, dovrebbe svolgersi parallelamente allo scavo senza ostacolarlo o ritardarlo, avere costi sostenibili in relazione ai fondi disponibili e necessitare di attrezzature reperibili localmente[15].

---

[12] Accardo - Vigliano 1989, p. 11.

[13] A 5 - 6 m in profondità nel terreno la temperatura diventa estremamente stabile, può variare al massimo di 1° C nel corso dall'anno. De Guichen 1995, p. 23.

[14] "Relative Humidity, as the name implies, is an expression of one humidity measurement relative to another. The two measurements are:
i the actual amount of water vapour in a given volume of air at a particular temperature; and
ii the maximum amount of water that the same volume of air can hold at the same temperature.
The actual amount is expressed as a percentage of the maximum amount." Science for Conservators 1982, p. 23.

Preliminare a qualunque intervento di conservazione è lo studio del clima, del suolo, della profondità dei depositi archeologici, della loro modalità di formazione e del tipo di materiale presente, in modo da poter valutare le principali problematiche che potrebbero insorgere durante lo scavo e programmare risorse e piani d'azione adeguati e ben delineati, tenendo conto che ogni situazione presenta delle specificità che possono sfuggire ai più particolareggiati modelli predittivi e che devono, quindi, essere affrontate sul momento.

---

[15] Pedelì - Pulga 2000, p. 83.

Effetti di alcuni tipi di ambiente sullo stato di conservazione delle principali classi di materiali archeologici

Ambienti ▶ Materiali ▼	Acido	Alcalino	Saturo d'acqua	Desertico	Artico	Molto salino
Ceramica	Dissoluzione della frazione calcarea.	Dissoluzione della frazione alcalina.	Buona conservazione con ph > 5.	Buona conservazione, possibile erosione eolica.	Buona conservazione	Infiltrazione sali solubili.
Vetro	Buona conservazione per i vetri con una bassa componente calcarea.	Dissoluzione della frazione alcalina, con ph > 9 dissoluzione della struttura silicea.	Buona conservazione con ph prossimo al neutro.	Buona conservazione, possibile erosione eolica.	Buona conservazione.	Scarsa conservazione.
Ferro	Scarsa conservazione, forte corrosione.	Scarsa conservazione, forte corrosione.	Buona conservazione con ph prossimo al neutro.	Buona conservazione, possibile erosione eolica.	Buona conservazione.	Scarsa conservazione, forte corrosione.
Rame; Leghe	Scarsa conservazione, forte corrosione.	Scarsa conservazione, forte corrosione.	Buona conservazione con ph prossimo al neutro.	Buona conservazione, possibile erosione eolica.	Buona conservazione.	Scarsa conservazione, forte corrosione.
Argento	Media conservazione.	Media conservazione.	Buona conservazione con ph prossimo al neutro.	Buona conservazione, possibile erosione eolica.	Buona conservazione.	Media conservazione.
Osso; Avorio	Dissoluzione frazione inorganica con ph < 5.	Buona conservazione con ph > 9, possibile deterioramento organico con ph tra 5 e 9.	Buona conservazione con ph > 5.	Buona conservazione.	Buona conservazione.	Infiltrazione sali solubili.
Corno; Capelli; Pelle; Lana	Scarsa conservazione.	Scarsa conservazione.	Buona conservazione[16].	Buona conservazione.	Buona conservazione.	Scarsa conservazione, estrema disidratazione.
Legno; Cotone; Lino	Scarsa conservazione.	Scarsa conservazione.	Buona conservazione.	Buona conservazione.	Buona conservazione.	Scarsa conservazione, estrema disidratazione.

---

[16] In soluzioni acide alcune proteine come la cheratina, presente nel corno e nei capelli, si conservano. Johansson 1987, p. 133.

6

1.2. Materiali e tecniche generali per il consolidamento, il bendaggio, il fissaggio ed il prelievo in blocco

Alcuni reperti, subito dopo la messa in luce, possono apparire particolarmente fragili e decoesi oppure fratturati in una moltitudine di piccoli frammenti, tanto da non poterli separare dal sedimento senza il rischio di una completa disgregazione e di una perdita parziale o totale delle parti che li compongono.

Tali condizioni di conservazione possono comportare la necessità di effettuare un consolidamento o un fissaggio prima del prelievo. I materiali utilizzati per questo tipo d'intervento, generalmente resine acriliche, conservano la morfologia dell'oggetto ma ne modificano la struttura bio-chimica, ostacolando eventuali analisi successive come la datazione al C14 e rendendo necessario il prelievo preventivo di alcuni campioni.

Un consolidamento, pur se eseguito secondo il principio del minimo intervento utile, proprio della conservazione preventiva, è comunque un intervento invasivo; le resine utilizzate, infatti, sono, in teoria, reversibili ma, in pratica, è quasi impossibile estrarle completamente dall'oggetto una volta che questo ne è uniformemente impregnato.

Il consolidante è un liquido che, penetrando all'interno di un materiale, permette di costruire una struttura coesiva e di conferire all'oggetto nuove proprietà meccaniche, necessarie e sufficienti al suo distacco dalla matrice ed al suo trasporto[17]. Un consolidante meno diluito è più reversibile, perché penetra meno all'interno delle molecole ed è più semplice da rimuovere, ma meno efficace, essendo il suo potere coesivo direttamente proporzionale alla diluizione e al grado di penetrazione[18]. E' essenziale scegliere le resine più idonee secondo la composizione dell'oggetto, l'estensione della superficie e le condizioni climatiche e ambientali in cui si opera. Il consolidante, per ottenere buoni risultati, deve penetrare in modo molto uniforme e deve essere completamente asciutto prima del prelievo. Un consolidamento eterogeneo rende l'oggetto più fragile delle condizioni di partenza, creando nuovi punti di frattura nelle zone di contatto tra le parti impregnate di resina e quelle che sono rimaste escluse. E' preferibile operare all'ombra per evitare che l'evaporazione troppo veloce del solvente produca sulla superficie dell'oggetto delle pellicole impenetrabili, generando una coesione disomogenea della struttura. Se l'oggetto è molto grande, le parti consolidate possono essere coperte progressivamente con una pellicola di alluminio per rallentare l'evaporazione del solvente. La resina può essere applicata:

- con un pennello in setole naturali fino a saturazione;
- a spruzzo;
- per percolazione lenta attraverso una siringa in vetro o, in caso di scarsa attrezzatura, anche con del materiale assorbente imbevuto di resina e ricoperto, per 2/3, da uno strato di alluminio.

Il legame che si crea attraverso le resine deve essere sempre più debole del grado di coesione della materia: un legame leggermente flessibile, urtoassorbente e vibroassorbente dona maggiore stabilità al reperto rispetto ad uno rigido.

Le colle epossidiche o poliestere, utilizzate per incollare frammenti di marmo o pietra, essendo irreversibili, non possono essere applicate direttamente sulla superficie. Questa operazione deve essere preceduta dall'applicazione di uno strato di Paraloid o Primal molto diluito, che può essere successivamente rimosso. L'utilizzo di colle epossidiche, nella conservazione preventiva, andrebbe limitato: queste creano dei legami rigidi e, di conseguenza, molto fragili.

Il consolidamento di oggetti umidi è più complesso in quanto implica tempi di asciugatura della resina molto lunghi. In questo caso F. Chavigner suggerisce di impregnare l'oggetto umido con alcool. Questo sostituisce le molecole di acqua libera nella struttura e, essendo molto volatile, accelera l'asciugatura dell'oggetto permettendo il consolidamento con Paraloid al 5%[19].

---

[17] Chavigner 1987, p. 95.
[18] Riguardo alla reversibilità di un'operazione di consolidamento F. Chavigner precisa: "La réversibilité doit être considérée, dans ce domaine, comme une ultime sécurité et non comme prétexte à des traitements approximatifs." Chavigner 1987, p. 97.
[19] Chavigner 1987, p. 96.

Un oggetto fragile può essere supportato, durante il prelievo, ricorrendo anche ad un bendaggio o un fissaggio con materiali rinforzanti (pellicola di polietilene, bende di garza, gesso, ecc.). Per il fissaggio si possono utilizzare delle garze e un'emulsione di acetato di polivinile (PVA) non diluito, che può essere sostituito con del Paraloid al 10% - 15% in condizioni climatiche secche o con del Primal al 10% - 15% nel caso di umidità relativa alta[20]. Le garze sature di resina sono applicate sul reperto in modo da aderirvi completamente. Si possono sovrapporre più strati. Quando la resina è asciutta si preleva l'oggetto, praticando, se possibile, un taglio qualche centimetro sotto il sedimento e si trasferisce il tutto su un supporto rigido. Il gesso può rappresentare un'alternativa al PVA o al Paraloid, ma il reperto deve essere ricoperto da una pellicola spessa di polietilene o alluminio che aderisca bene ai margini proteggendone la superficie. Anche in questo caso possono essere sovrapposti più strati di garza e gesso e si possono inserire, sull'ultimo strato, dei supporti di legno per facilitare il distacco dal terreno.

Il consolidamento o il fissaggio non sono sufficienti ad assicurare un prelievo in sicurezza se il reperto è di medie o di grandi dimensioni. A questo punto bisogna prelevare il reperto inglobato nel sedimento. Quest'operazione distrugge la stratigrafia e deve essere quindi valutata, di volta in volta, in base al valore, al significato del reperto e al contesto stratigrafico in cui si lavora. Ogni prelievo va progettato ed eseguito a seconda delle dimensioni dell'oggetto, dei materiali disponibili, delle condizioni climatiche e del terreno. Secondo F. Chavigner, ad esempio, è un'operazione molto difficile in un terreno poco omogeneo[21]. Si possono delineare alcune procedure standard che devono essere modificate e adattate ai diversi contesti in cui si opera[22]. Prima di tutto occorre isolare il blocco di sedimento che contiene il reperto, scavando un perimetro regolare intorno, e poi creare una casseratura in legno che contenga la matrice di terra da prelevare (fig. 1).

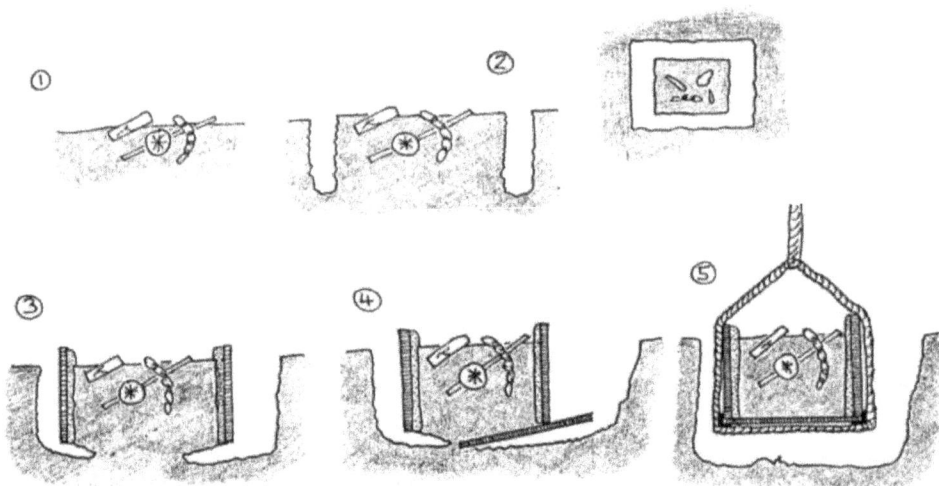

Fig. 1. Esempio di prelievo in blocco di un gruppo di oggetti con l'ausilio di una casseratura in legno (Payton 1992, p. 7).

Il taglio e lo stacco può avvenire attraverso sottili lamine in metallo, filo metallico, seghetti e tondini in ferro, questi ultimi si adattano bene a terreni poco omogenei con

---

[20] Con queste concentrazioni la resina non penetra in profondità nella struttura e crea solo una pellicola fissativa esterna.
[21] Chavigner 1987, p. 97.
[22] Sease 1994, pp. 25 - 27; Chavigner 1987, pp. 91 - 100; Payton 1992, pp. 1 - 26.

sassi e detriti vari. E' importante prima di eseguire lo stacco predisporre un supporto rigido su cui far scivolare il reperto così 'inscatolato'.

Se il terreno è molto friabile, tende a sbriciolarsi e a non conservare la forma di 'pane di terra', occorre assicurarlo maggiormente con gesso o schiuma di poliuretano (fig. 2).

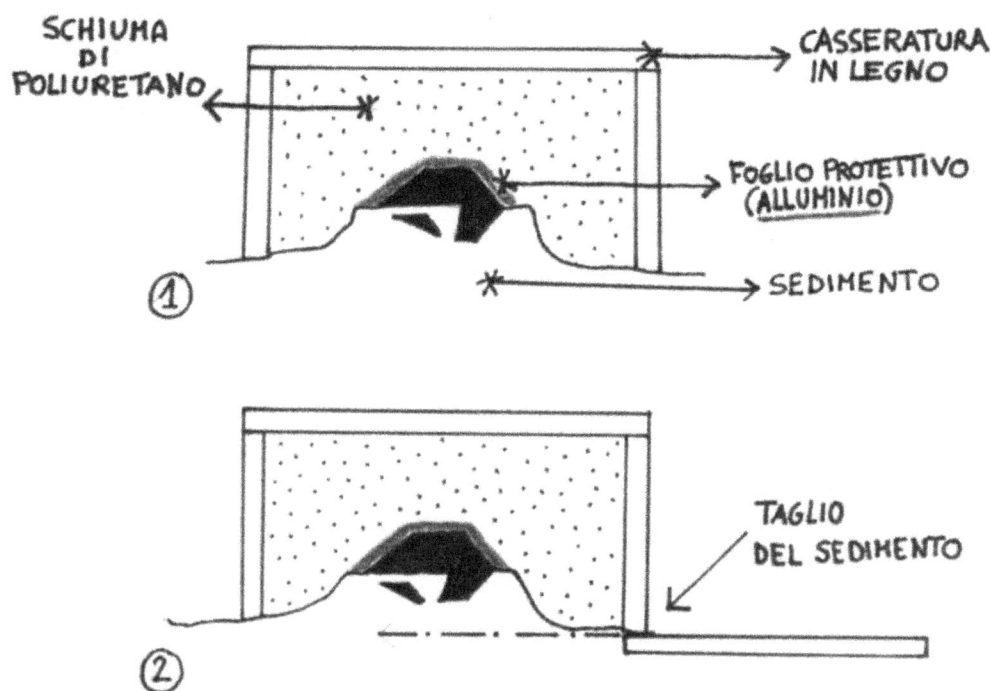

Fig. 2. Esempio di prelievo in blocco di un reperto con casseratura in legno e schiuma di poliuretano.

In questo caso la casseratura deve lasciare libero uno spazio perimetrale, di ca. 3 - 5 cm per la colata di gesso e di 10 - 15 cm per la schiuma poliuretanica, ed essere leggermente più alta della matrice da prelevare. Il reperto va coperto con più fogli di alluminio, sigillando le giunture con nastro adesivo: il gesso e la schiuma non devono entrare in contatto con la superficie archeologica. La casseratura può essere chiusa superiormente con un coperchio di legno. In alcuni casi la schiuma poliuretanica può essere inserita direttamente dentro la casseratura sigillata attraverso una fessura lasciata libera[23]. Il blocco, quando è completamente asciutto, deve essere deposto su un supporto rigido prima del trasporto.

La schiuma poliuretanica si forma dall'unione di due componenti sintetici, venduti allo stato liquido. E' un materiale che possiede una buona resistenza alla pressione e alla compressione e, rispetto al gesso, è molto più leggero. La qualità dell'espansione, che per completarsi richiede una o due ore circa, dipende dalla temperatura e dall'umidità: non può essere usata al di sotto dei 13° C ed un eccesso di umidità gli fa perdere parte della sua resistenza meccanica. Questo materiale deve essere manipolato, con estrema cautela, da persone esperte: nella fase d'espansione, infatti, produce gas altamente tossici ed una forte pressione che, se non controllata, può danneggiare i reperti[24].

Nessun reperto deve essere conservato a lungo all'interno della matrice con cui è stato prelevato. Questa, infatti, se trattenuta da strati protettivi come l'alluminio o il gesso,

---

[23] Pedeli com. pers.
[24] Jones 1980, pp. 31 - 34.

conserva l'umidità del terreno e favorisce lo sviluppo di microrganismi o, nel caso di reperti metallici, riattiva l'ossidazione; mentre una matrice priva di strati protettivi può essere soggetta a sbalzi di umidità che, causando forti contrazioni e espansioni del sedimento, sottopongono il reperto a pericolosi stress meccanici[25].

---

[25] Chavigner 1990, pp. 47 - 48.

Resine utilizzate nel campo del restauro

Categoria	Tipi / nomi commerciali	Caratteristiche chimico/fisiche	Solventi	Impieghi
Acriliche	Unimast Paraloid Primal Acryloid = Paraloid (USA) Mowilith	Monocomponenti[26], reversibili, più o meno elastiche.	Organici: alcool, acetone e nitro.	Unimast è utilizzato come adesivo mentre gli altri principalmente come consolidanti e, secondariamente, come adesivi. Unimast e Paraloid si mostrano particolarmente adatti per assemblaggi temporanei, fissaggi e preconsolidamenti di frammenti ceramici ed altri piccoli reperti.
Epossidiche	Aralditi UHU plus DEVCON Altri adesivi commerciali	Bicomponenti, non reversibili, molto rigide ed estremamente tenaci (sono le resine più forti).	Nessuno	Utilizzate principalmente su pietra e marmo.
Poliestere	SINTOLIT	Bicomponenti, meno rigide e tenaci delle epossidiche, non sono chimicamente reversibili ma possono essere ammorbidite e rimosse meccanicamente.	Nessuno	Utilizzate principalmente su pietra e marmo.
Cellulosa (a base di)	UHU UHU Art	Monocomponenti, reversibili.	Alcool e acetone.	Hanno un utilizzo e una resa simile alle acriliche.
Silicato di etile	Rhodorsil RC 70	Non reversibile.	Nessuno	Utilizzato per consolidare materiali totalmente decoesi e polverizzati.

---

[26] Monocomponenti non significa che sono composte da un solo polimero ma che non necessitano di un catalizzatore per reagire (come invece avviene per le resine epossidiche e poliestere).

Primal: (AC33; AC34; ecc.)
Aspetto: lattiginoso - bianco cangiante, si trova in emulsione[27].
Caratteristiche: ha la consistenza del più conosciuto Vinavil ma, utilizzato come colla, è molto più debole di quest'ultimo. Il solvente per diluire l'emulsione è l'acqua ma per rimuoverla occorre l'acetone.
Applicazioni: utilizzato principalmente come consolidante (al 3% - 5%) o per fissaggi in condizioni di umidità relativa alta.

Paraloid: (B72; B82; B48 N; B67; ecc.)
Aspetto: trasparente o biancastro, si trova sottoforma di polvere, grani o perle.
Caratteristiche: si diluisce con solventi organici, preferibilmente in soluzione Peso/Volume con acetone.
Applicazioni: utilizzato principalmente come consolidante (al 2% - 5%) o per fissaggi in condizioni di umidità relativa bassa.

Mowilith - acetato di polivinile (DMC2; DM5; DM771; 20; 30; 40; 50; ecc.) [28]
Aspetto: biancastro, si trova in emulsione, in perle o in polvere.
Caratteristiche: resina vinilica acrilica, utilizzata in emulsione o in soluzione preferibilmente con alcool. E' reversibile con alcool e acetone.
Applicazioni: utilizzato in ambiente secco o leggermente umido, come colla o come consolidante; per quest'ultima funzione è meno adatto del Primal o del Paraloid poiché i polimeri che la compongono sono più grandi e penetrano meno la materia. Indicato per i fissaggi.

Silicato di etile
Aspetto: incolore, liquido.
Caratteristiche: si diluisce raramente con alcool. E' assolutamente non reversibile: le sue proprietà coesive creano legami chimici tra le molecole, causando la trasformazione dei calcari in silicati[29]. Per questa sua specificità, l'utilizzo del silicato implica necessariamente un'approfondita conoscenza della natura chimica della materia da consolidare.
Applicazioni: si utilizza su materiali completamente decoesi e polverizzati. Non può essere impiegato in condizioni ambientali sotto i 5° C e sopra i 25° C.

Diluizione delle resine

La diluizione di una resina avviene secondo tre criteri: Volume/Volume (V/V); Peso/Volume (P/V); Peso/Peso (P/P). La diluizione tre due volumi è più semplice perché ogni sostanza ha un peso specifico molto variabile: un litro di acetone ha un peso specifico diverso da un litro di nitro.
Principio empirico per la diluizione: quando le sostanze del soluto e del solvente sono liquide o fluide, cioè non lasciano vuoti nel contenitore, è conveniente calcolare la miscela Volume /Volume. La diluizione con il peso è utilizzata con sostanze in polvere, grani o perle, come il Paraloid, che lasciano spazi vuoti nel contenitore.

Preparazione di un litro di soluzione di Primal al 25%
Per semplicità si fa il calcolo su un litro quindi: 25% (250ml) di un litro di Primal e 75% di un litro (750 ml) di solvente (in questo caso acqua). La percentuale si riferisce sempre al soluto.
Si mette in un contenitore misurato il Primal fino ad arrivare a 250 ml e si aggiunge il solvente fino a 1000 ml: si porta a volume il soluto.

---

[27] L'emulsione è un sistema in cui due componenti non miscibili (in questo caso la resina e l'acqua) vengono tenuti insieme da elementi, detti tensioattivi, capaci di legarsi ad entrambi.
[28] Le sigle ed i numeri indicano principalmente il peso e la viscosità, fattori 'invisibili' che influenzano una serie di proprietà tecniche 'visibili' come: la penetrabilità, l'elasticità e il comportamento alle sollecitazioni termiche.
[29] A differenza del silicato di etile, le resine acriliche sono reversibili in quanto generano solo legami fisici.

Preparazione di un litro di soluzione di Paraloid al 25%

La diluizione del Paraloid, sotto forma di perle o grani, è calcolata secondo il criterio P/V. Un'etichetta con scritto: "Paraloid B72 al 25% (P/V) in acetone", indica generalmente 25 grammi di resina disciolti in 100 ml di solvente. Per semplificare il procedimento si può cercare di effettuare la diluizione secondo il criterio V/V. Si sciolgono delle perle o dei grani di Paraloid in poco acetone e si versa la sostanza viscosa risultante in un contenitore misurato fino a raggiungere i 25 ml. Si porta poi a volume (100 ml) aggiungendo acetone (75 ml). Per un'ulteriore semplificazione e soprattutto in assenza di contenitori misurati, si può considerare il litro come unità di misura di partenza.

Materiali utilizzati (con o senza l'ausilio delle resine) per il bendaggio e il fissaggio:

Pellicola di polietilene: si trova trasparente, bianca e nera (quest'ultima è indicata per i materiali organici). Nel prelievo è utilizzata principalmente per il bendaggio, quando si applica deve essere priva di polvere altrimenti non aderisce. Sotto un bendaggio di questo tipo si sviluppa spesso della condensa che insieme alla luce e al calore fa crescere rapidamente microrganismi (muffe e funghi).

Bende elastiche da prontosoccorso: molto delicate nel bendaggio ma poco resistenti. Esposte alla luce solare il lattice che le compone si deteriora. Sono più indicate in una prima fase operativa (prelievo) ma vanno sostituite rapidamente.

Bende di Juta: molto resistenti alle trazioni meccaniche, biodeteriorabili su lunghi tempi e a contatto con l'acqua.

Bende di garza non elastiche: sono biodeteriorabili ma più resistenti all'esposizione dei raggi solari rispetto a quelle elastiche.

Tubi di rete elastica: (da prontosoccorso) anche in questo caso la componente di lattice si deteriora sotto il sole. Si possono utilizzare per bendaggi temporanei di oggetti molto delicati oppure in situazioni in cui il bendaggio deve essere messo e tolto più volte, ad esempio nel caso in cui bisogna documentare un vaso che non può essere spostato, ma deve essere mantenuto *in situ*.

Nastro adesivo telato per edilizia: (es.: Saratoga American Tape) molto resistente anche all'esterno. In caso di superfici estese è utile per fissare tra loro i fogli protettivi di alluminio prima dell'applicazione del gesso e delle garze per il fissaggio.

Nastro adesivo di carta: si deteriora in poche ore sotto il sole. Spesso si utilizza per tenere insieme frammenti, prevalentemente ceramica, ma ha un adesivo troppo forte che porta via le superfici. In restauro viene, a volte, utilizzato per pulire superfici in pietra o marmo.

Bende in fibra di vetro o in resina poliuretanica: sono garze imbevute di resine che reagiscono con l'umidità indurendosi (sono vendute in contenitori sigillati). Possono essere utilizzate al posto del gesso, meno idoneo in condizioni di umidità relativa alta. Il costo è elevato.

1.3. Materiali e tecniche per l'imballaggio ed il trasporto

Sullo scavo, in linea teorica, si dovrebbero poter distinguere due o tre fasi principali d'imballaggio. La prima subito dopo il prelievo, la seconda dopo la prima pulitura e la terza per il trasporto al magazzino, luogo dove il materiale archeologico dovrebbe essere nuovamente sistemato in modo da garantirne la conservazione sul lungo periodo. Nella maggior parte dei casi, però, l'imballaggio per il trasporto diventa quello definitivo, almeno fino al restauro che non sempre interviene in tempi brevi e, nel caso in cui il materiale sia particolarmente abbondante e il budget di spesa limitato, potrebbe non intervenire affatto. Qualunque reperto seppure non particolarmente determinante per lo studio di un contesto, ad esempio una produzione in serie di vasellame con un'estensione temporale ampia e una funzione non specializzata, costituisce in ogni caso una "testimonianza avente valore di civiltà"[30] per le generazioni presenti e future. Un intervento di recupero considerato superfluo o inattuabile oggi potrebbe non esserlo domani, per questo l'imballaggio e l'immagazzinamento non devono costituire un'appendice del lavoro archeologico ma parte integrante di esso.

Ogni materiale ha differenti esigenze conservative che dipendono dalle sue caratteristiche. Possono però essere individuate delle regole generali che vanno oltre la natura chimico-fisica del singolo oggetto specifico e che forniscono delle indicazioni sul corretto utilizzo dei prodotti e delle attrezzature[31]. L'imballaggio, creando inevitabilmente una sorta di microclima (umidità relativa, temperatura, circolazione d'aria), deve rispettare le condizioni di conservazione proprie di ciascun materiale e resistere alle compressioni, alle trazioni, agli urti, all'usura del tempo e degli agenti atmosferici. Ogni prodotto, posto a diretto contatto con il reperto, deve essere inerte, non generare quindi reazioni chimiche e non creare sollecitazioni meccaniche; il cotone naturale, ad esempio, può essere utilizzato come materiale urtoassorbente, ma, a diretto contatto con una superficie abrasa, può provocarne delle aderenze e dei distacchi di frammenti. Un altro elemento molto importante da valutare è l'equilibrio tra il Volume/Peso dell'oggetto e la rigidità delle protezioni urtoassorbenti. Questa è forse la variabile più difficile da determinare perché raramente deducibile da leggi fisiche ma piuttosto da leggi empiriche, basate sulla sperimentazione e sull'esperienza. Anche in questo caso, comunque, è possibile discernere una regola generale e diverse modalità di applicazione a seconda della natura del reperto. L'imballaggio dovrebbe essere costituito da più strati di protezioni a rigidità graduata: partendo da un supporto rigido, che deve garantire il trasporto, per avvicinarsi progressivamente al reperto con materiali sempre più morbidi (urtoassorbenti). Questo "gradiente" fa in modo che le vibrazioni, causate da eventuali urti sul contenitore esterno, siano disperse attraverso i successivi strati protettivi. Anche la quantità di materiale da usare è il risultato di una valutazione empirica; C. Sease suggerisce di utilizzare una protezione di spessore non inferiore ai 5 cm per l'immagazzinamento e ai 15 cm per il trasporto[32].

C. Pedelì individua convenzionalmente tre categorie principali di prodotti per l'imballaggio: contenitori, protezioni passive (materiali espansi, tessuti e carte) e composti attivi (condizionatori di umidità relativa e temperatura, inibitori della crescita biologica)[33].

• Contenitori

Una situazione abbastanza frequente è che i contenitori in cui si trasportano i reperti siano poi utilizzati anche per l'immagazzinamento. Nella loro scelta si dovrebbero prevedere alcune caratteristiche che li rendano idonei anche a questa seconda funzione: occupare il minor spazio possibile contenendo il maggior numero di reperti; essere impilabili e modulari.

I materiali più adatti sono: polietilene (PE), polipropilene (PP), polistirene (PS) e poliestere (polietilentereftalato - PET); quest'ultimo è il migliore, ma ha un costo più elevato. In assenza di questi materiali, basta l'indicazione *per alimenti*; in un

---

[30] Tamiozzo 1998, p. 6.
[31] Tétrault 1992, pp. 163 - 176.
[32] Sease 1994, p. 36.
[33] Pedelì - Pulga 2000, p. 124.

contenitore per alimenti, infatti, non vi sono principi attivi che possano agire chimicamente o fisicamente sul contenuto.

In alcuni casi risulta molto pratico suddividere ulteriormente i reperti in contenitori più piccoli, che devono rispettare grossomodo le caratteristiche già descritte[34]. E' preferibile utilizzare contenitori bianchi, neri o trasparenti in quanto altre pigmentazioni possono indicare la presenza di sostanze chimiche scarsamente inerti.

Il cartone può essere utilizzato, ma bisogna verificarne la sua acidità (quello riciclato non va bene perché contiene troppa colla). Il legno e il metallo sono molto meno resistenti della plastica all'azione degli agenti atmosferici e, inoltre, il legno è fortemente igroscopico. I contenitori in cloruro di polivinile (PVC) sono sconsigliati perché non inerti.

- **Protezioni passive**

Vetroresina: si trova in fogli. E' indicata per prelievi di oggetti piccoli o medi perché, flettendo molto, penetra bene nel terreno. Non è adatta al trasporto, ha bisogno di poggiare su un supporto più rigido in legno o polistirene.

Espansi[35]

Polietilene: è particolarmente urtoassorbente e adatto al trasporto di oggetti fragili. Si trova presso i rivenditori per edilizia sotto forma di fogli di vario spessore, di sacchetti o come *"Pluriball"* (doppia pellicola con in mezzo bolle d'aria). Tra i vari tipi di polietilene c'è una categoria conosciuta a livello commerciale come Ethafoam, con una struttura più regolare e resistente che distribuisce meglio il peso di un oggetto. Dato il costo elevato è poco adatto in fase di scavo, ma va bene per imballaggi definitivi.

Polistirene: materiale abbastanza rigido che, utilizzato come supporto, può sostituire le assi di legno nel trasporto di reperti medio-piccoli. Esiste anche il polistirene cosiddetto in *"Chips"*, ovvero tagliato in piccoli pezzi di ca. 3 - 4 cm di lunghezza, costituito per il 4% da polistirene e per il 96% da aria. E' economico e si deteriora meno della gommapiuma ma rilascia molto gas. L'utilizzo più idoneo è all'interno di sacchetti di polietilene a formare cuscinetti urtoassorbenti.

Polistirolo: stessa composizione del polistirene ma meno rigido. Il polistirolo, come il polistirene, si può utilizzare in grani all'interno di sacchetti di polietilene.
Con questo materiale e con l'ausilio di fogli di alluminio possono essere realizzati dei contenitori per isolamento termico da utilizzare sullo scavo (fig. 3).

Poliestere: ha la stessa consistenza della gommapiuma ma, a differenza di questa, è completamente inerte e può essere messo a contatto con i reperti.

Gommapiuma (gomme poliuretaniche): Il colore è indice di qualità e di caratteristiche diverse ma tutte ugualmente sensibili ai raggi UV. La gommapiuma non deve essere messa a diretto contatto con gli oggetti e non deve essere utilizzata come protezione in un contenitore chiuso, soprattutto se si tratta di metalli, perché rilascia gas. Una soluzione potrebbe essere, ancora una volta, quella di creare dei sacchetti di polietilene con pezzetti di gommapiuma dentro a formare cuscinetti urtoassorbenti.
La qualità gialla è la più economica ma anche la più deteriorabile, la grigia ha una resistenza chimica maggiore e la nera è la più resistente in assoluto perché, nella sua composizione, c'è una percentuale di carbone. Un altro tipo di gommapiuma è costituito dai conglomerati da materassaio prodotti con vari spessori.

---

[34] Scichilone 1995, p. 53.
[35] Per espansi s'intendono materiali, generalmente PP - PE - PS, combinati con l'aria.

Fig. 3. Contenitore termico costruito in polistirolo con rivestimento in alluminio.

Tessuti

Se non sono trattati con colle, coloranti ed altre sostanze chimiche, generalmente non interagiscono chimicamente con i reperti, ma possono essere abrasivi e far perdere frammenti che aderiscono male all'oggetto, soprattutto dopo un preconsolidamento o per cariche elettrostatiche.

I tessuti naturali come il cotone, la garza, la juta, la lana e la seta (questi ultimi due molto deteriorabili alla luce) sono igroscopici quindi non adatti ai metalli e vanno usati, preferibilmente, in contenitori stagni per limitarne l'assorbimento di umidità relativa.

Il "tessuto non tessuto" sintetico (TNT), in polipropilene, può essere messo a contatto con i reperti ed ha una resa ed una resistenza superiore ai tessuti naturali. Si trova di varie grammature presso i rivenditori di strutture ospedaliere o alberghiere.

TESSUTI (idonei per imballaggio)	**Sintetici**	**Poliestere (geo-tessuti)**
		Polipropilene (TNT)
		Polietilene
	Naturali	**Cotone-100%**
		Lino
		Juta

- **Protezioni attive**

Gel di silice

E' un agente seccante, chimicamente inerte, utilizzato per imballare materiali sensibili alle variazioni di umidità[36]. E' composto al 99,7% da silicio al quale viene aggiunto un indicatore colorato. La forma più conosciuta è quella in cristalli blu, con il cloruro di cobalto come indicatore. Il colore passa dal blu al rosa quando è saturo di acqua; a questo punto il gel non assorbe più umidità ma comincia a rilasciarla e va cambiato o rigenerato in forno. Questo materiale, infatti, tende a mettersi in equilibrio con l'umidità relativa dell'ambiente assorbendola o rilasciandola. La sua funzione è irrilevante se utilizzato in un ambiente aperto dal quale preleva in poco tempo l'umidità saturandosi, mentre agisce efficaciemente, creando un microclima secco, in un contenitore non

---

[36] La Fontaine 1984.

16

igroscopico e a chiusura stagna. Non va messo a diretto contatto con il reperto perché gli trasmetterebbe la quantità d'acqua assorbita ma, generalmente, è già venduto in bustine o può essere messo in sacchetti di polietilene su cui sono stati praticati minuscoli fori o in retine di materiale sintetico e inerte. Si possono condizionare preventivamente i granuli di gel a circa 90°/120° C in forno per almeno 2 ore, il tempo varia a seconda della quantità di umidità assorbita.

Il *Brown Silica Gel* è un tipo di gel di silice, messo recentemente in commercio in Italia, con un indicatore diverso dal cloruro di cobalto. Ha un colore ambrato quando è completamente scarico e vira prima al verde-acqua e poi al celeste quando è saturo di umidità. Cinquanta grammi di *Brown Silica Gel* lasciati in un ambiente aperto a 28° C, con il 46% di UR, impiegano meno di 5 ore a saturarsi completamente di umidità (figg. 4 - 5). La quantità di gel da utilizzare per piccoli contenitori (da 250 ml fino a pochi litri) è di circa 40g per litro d'aria[37].

Fig. 4. *Brown silica gel* completamente scarico di umidità. L'indicatore assume un colore ambrato.

Fig. 5. *Brown silica gel* completamente carico di umidità. L'indicatore vira verso il celeste.

---

[37] Un metro cubo corrisponde a 1000 litri di aria.

Biocidi

E' difficile ritrovare reperti organici se non in condizioni climatiche molto particolari come ad esempio le torbiere, dove l'ambiente anaerobico e privo di luce ha impedito lo sviluppo dei microrganismi, causa principale del loro deterioramento. Per l'imballaggio e la conservazione di questi delicati reperti, devono essere utilizzati dei biocidi, soprattutto nel caso in cui va conservata la stessa condizione di umidità di rinvenimento. Il Topane e il Dowicide (Orto-fenil-fenolo) e il Panacide (Di-clorofene) sono biocidi ad ampio spettro con una tossicità tollerabile e sono utilizzabili su una vasta gamma di materiali organici (legno, tessuto e cuoio)[38].

---

[38] Scasc 1994, p. 15.

Capitolo 2. I manufatti

2.1. La ceramica

2.1.1. Struttura e proprietà

I reperti ceramici costituiscono in genere il rinvenimento archeologico più frequente e quello di gran lunga più studiato fin dai primi esordi dell'archeologia. Il motivo di una così ampia diffusione e utilizzo è da attribuire sicuramente alla grande quantità di informazioni che un'analisi funzionale e tipologica del repertorio ceramico di un sito o, su vasta scala, di una regione può offrire, ma anche alla sua notevole capacità di conservazione, dopo millenni, nelle condizioni climatiche più eterogenee. L'argilla, principale componente della ceramica, durante la cottura subisce delle trasformazioni chimico-fisiche irreversibili, portando alla realizzazione di un prodotto finale più stabile rispetto alla materia prima utilizzata[39]. I reperti ceramici a seconda della composizione mineralogica di partenza, delle modifiche in fase di lavorazione (ad esempio l'aggiunta di sgrassanti) e della cottura, sono suscettibili di diverse forme e gradi di deterioramento. Per comprendere le varie forme di alterazione e per prevenire i comportamenti dei materiali dopo il prelievo, è necessario familiarizzare con alcune nozioni tecniche di base prima di rapportarsi a qualunque reperto, sia esso ceramico o no, non solo in fase di restauro, ma anche e soprattutto in fase di scavo.

Le argille sono rocce sedimentarie detritiche composte da uno o più minerali, classificati in generale come silicati idrati di alluminio, formati da cristalli le cui dimensioni non superano qualche micron[40]. Il processo di formazione delle argille inizia con l'alterazione e la disgregazione delle rocce affioranti sulla superficie terrestre, per azione degli agenti atmosferici. Il materiale detritico a granulometria finissima, così formato, viene poi generalmente trasportato dai fiumi, dal vento e dai ghiacciai in bacini di sedimentazione continentali (fluviale, lacustre, palustre, glaciale, desertico) o marini (lagunare, costiero, abissale) dando origine alla cosiddetta argilla secondaria o di trasporto. Questa contiene, oltre ai minerali delle argille, numerosi altri inclusi, raccolti durante il trasporto verso il bacino di sedimentazione, che possono raggiungere una granulometria delle dimensioni di 4 micron (quarzo, feldspati, carbonati, ossidi, idrossidi, ossidi idrati di ferro e di alluminio, manganese e sostanze organiche)[41] e che influiscono in modo diverso sul comportamento della materia durante il ciclo di produzione della ceramica. La presenza di ossido idrato di ferro, ad esempio, influisce notevolmente sul colore del prodotto finale, senza però intervenire a livello strutturale[42]. Altri tipi di inclusi, se molto presenti, possono invece compromettere la stabilità della struttura ceramica, come il carbonato di calcio che durante la cottura si trasforma in ossido di calcio. Quest'ultimo anche a distanza di molti mesi, in presenza di umidità, si trasforma in idrossido di calcio. Il legame con l'acqua crea un'espansione che può provocare il distacco di alcuni frammenti dalla superficie o addirittura delle vere e proprie fratture. Il carbonato di calcio reagisce a temperature molto alte, di conseguenza la produzione ceramica preistorica di solito non viene toccata da questo tipo di problema[43].

Le argille rimaste nel luogo stesso di formazione, generalmente in tasche irregolari all'interno della roccia di origine, senza subire gli inquinamenti derivanti dal trasporto, sono definite primarie o residuali e sono molto meno frequenti delle secondarie. Tra le argille primarie predomina il caolino, generalmente alloggiato in strati di spessore variabile poggianti sopra le rocce ignee o metamorfiche di origine, i cui componenti

[39] Berducou 1987, p. 22.
[40] Cuomo di Caprio 1985, p. 19.
[41] Cremaschi - Rodolfi 1991, p. 105.
[42] La presenza di questo minerale da all'argilla un classico colore giallo ocra, che vira poi verso il rosso in caso di cottura in ambiente ossidante ovvero in presenza di ossigeno.
[43] Buys - Oakley 1998, p. 5.

principali (feldspati, feldspatoidi e altri silicati contenenti alluminio) hanno subito attacchi di natura chimica che ne hanno causato la caolinizzazione attraverso l'idrolisi.

A livello mineralogico le argille appartengono ai Fillosilicati, per la caratteristica struttura lamellare, ed i minerali che le compongono sono classificati in molteplici gruppi. Particolarmente diffusi in natura e importanti dal punto di vista della produzione ceramica sono: la caolinite, la montmorillonite, l'illite e la vermiculite (il nome indica la componente minerale principale).

Da un punto di vista tecnologico per argilla s'intende la materia prima del manufatto ceramico: una sostanza solida, inorganica, naturale, non metallica, da modellare a freddo e da consolidare a caldo. L'argilla si caratterizza per alcune proprietà principali come la plasticità, la contrazione di volume e la refrattarietà[44]. Queste proprietà hanno un certo grado di variabilità a seconda della diversa composizione chimico-fisica, ad esempio la caolinite ha un reticolo cristallino più rigido e meno plastico della montmorillonite.

La proprietà plastica dell'argilla ovvero la capacità di far scivolare l'una sull'altra le particelle che ne compongono la struttura, è attribuibile ad una serie di fattori tra cui il suo carattere colloidale, la granulometria fine e la capacità di assorbire acqua (fig. 6). La massa argillosa può espandere o contrarre il proprio volume fino al 17%, modificando le proprietà meccaniche, attraverso l'assorbimento o l'evaporazione dell'acqua. Un'evaporazione troppo forte è causa di fratture ed è per questo che nella produzione ceramica vengono aggiunti dei componenti, detti degrassanti o sgrassanti, che stabilizzano maggiormente la materia aumentandone la resistenza. I degrassanti (sabbia, grog, conchiglie, inclusi vegetali, ecc.) entrano nella composizione durante la cottura e ne modificano la struttura. Un manufatto in argilla subisce due tipi di contrazione di volume: una dovuta all'essiccamento, il "ritiro in crudo", ed una irreversibile, durante la cottura, il "ritiro in cotto". In entrambi i casi la materia perde la sua plasticità, mancando l'acqua, infatti, le particelle si compattano e non possono più slittare l'una sull'altra.

La temperatura di cottura è un altro dei fattori che influisce moltissimo sulle caratteristiche chimico-fisiche della ceramica e sui processi di degrado. A circa 500° C si completa il processo di disidratazione, ormai irreversibile. La cottura tra i 600° C e gli 800° C da origine ad una struttura ceramica molto porosa ed igroscopica. La porosità viene completamente eliminata a ca. 1250° C[45].

Le ceramiche preistoriche e protostoriche rientrano generalmente nella tipologia delle Terrecotte[46], la cui temperatura di cottura varia tra i 700° C ed i 1000° C circa.

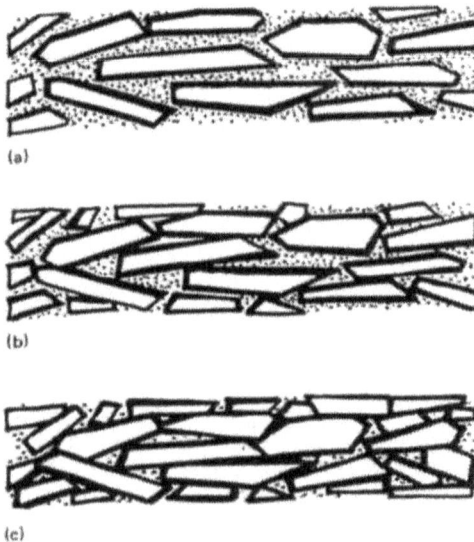

Fig. 6. Con l'evaporazione dell'acqua (a→c) le particelle si compattano facendo perdere plasticità all'argilla (Buys - Oakley 1998, p. 5).

---

[44] Cuomo di Caprio 1985, p. 39. Sulla tecnologia ceramica: Emiliani 1971.

[45] La porosità è data da una serie di microscopiche cavità all'interno dell'impasto.

[46] Suddivisione proposta dall'UNI-NORMAL (Italia) - Gruppo 6 «Metodologie per la caratterizzazione di Ceramiche e Vetri», Pedelì - Pulga 2000, p. 89.

2.1.2. Principali cause di deterioramento

Lo stato di conservazione di un reperto ceramico dipende principalmente da tre fattori: il grado di coesione, la durezza e la porosità. Tutti e tre questi elementi sono fortemente condizionati dalla temperatura, dal tempo di cottura, dai minerali primari dell'argilla e dalla qualità degli sgrassanti aggiunti. Per porosità s'intende la percentuale del volume dei vuoti in rapporto al volume totale. Un'argilla seccata al sole può arrivare ad avere il 50% di porosità[47] ovvero la quantità di vuoti cosiddetti aperti, che consentono uno scambio con l'ambiente circostante, è esattamente equivalente ai 'pieni' ovvero alla materia che costituisce il manufatto, quella messa in luce e prelevata. Questi microscopici canali, che attraversano l'oggetto e ne determinano la porosità, costituiscono un punto di estrema fragilità, essendo capaci di veicolare fino al cuore del reperto i sali solubili ed insolubili che circolano nel terreno e che sono uno dei principali fattori di alterazione. Un reperto ceramico saturo di sali solubili, dopo la messa in luce, comincia ad asciugarsi; l'acqua evapora, i sali cominciano a cristallizzare e a migrare in superficie (fig. 7), aumentando di volume e sviluppando delle forti tensioni meccaniche che possono provocare fratture e il distacco del rivestimento dell'oggetto. Più è veloce l'evaporazione e più violente sono le reazioni che si innescano. I sali solubili sono fortemente igroscopici e quindi, se l'umidità relativa non è costante, il reperto è soggetto a cicli continui di evaporazione e solubilizzazione che, a lungo andare, possono produrre una perdita di coesione degli strati superficiali (spolveramento). Efflorescenze bianche sulla superficie sono indice della presenza di questi sali (fig. 8). In tal caso la ceramica rinvenuta umida non va fatta asciugare, ma trasportata immediatamente al laboratorio di restauro, mentre quella asciutta non deve essere lavata e deve essere conservata in un luogo privo di umidità. In termini più generali, in presenza di sali solubili, è necessario mantenere l'umidità costante fino all'intervento di restauro.

La dissoluzione della frazione calcarea, frequente nei suoli acidi, è un'altra grave alterazione che aumenta la porosità nei reperti con molti inclusi calcarei.

Un altro fenomeno che può influire negativamente sono gli shock termici. L'abbassamento improvviso della temperatura, infatti, può portare l'acqua che impregna il reperto a gelare e ad espandersi creando forti tensioni meccaniche fino alla rottura. La ceramica ha una buona resistenza alla compressione ma non alla tensione.

Pur riuscendo ad evidenziare i fenomeni di alterazione più comuni, le variabili relative allo stato di conservazione di questo materiale sono infinite. In alcuni casi condizioni di partenza molto diverse possono portare ad un uguale deterioramento.

---

[47] Berducou 1990, p. 91. La ceramica cotta a basse temperature (700°-750° C) arriva ad una porosità del 15%, mentre quella cotta ad alte temperature (1000°-1200° C) fino al 10%, con la vetrificazione la percentuale scende al 1%.

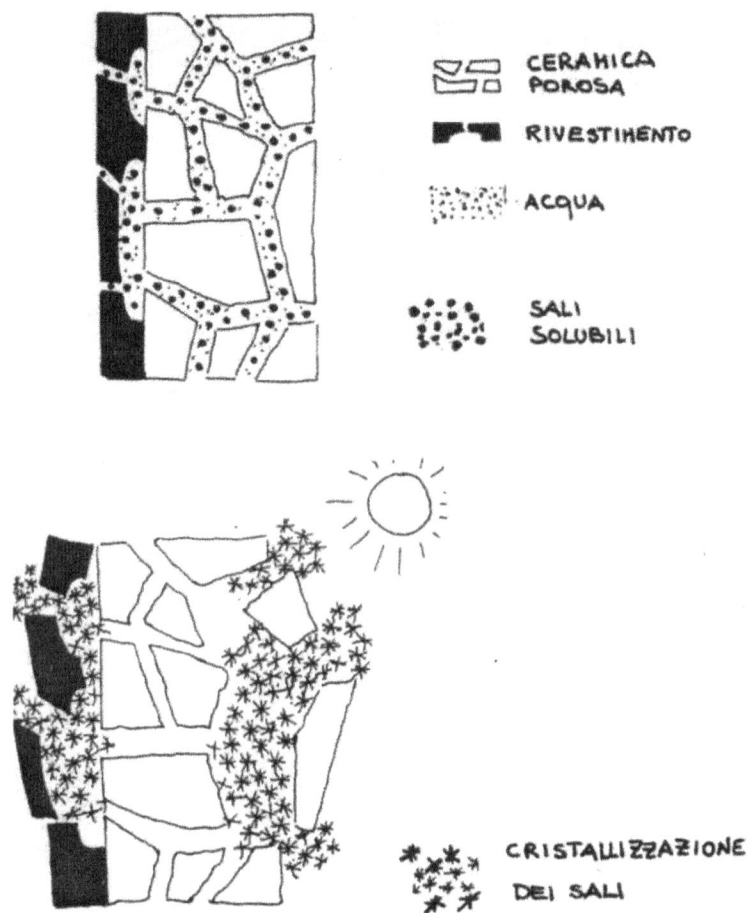

Fig. 7. Processo di cristallizzazione dei sali solubili veicolati dall'acqua e conseguente fratturazione della parete ceramica (elaborazione da Berducou 1987, p. 23).

Fig. 8. Le efflorescenze bianche indicano la presenza di sali solubili (cloruro di sodio).

2.1.3. Conservazione preventiva sullo scavo

La ceramica rappresenta, così come la litica, il materiale più resistente all'usura del tempo ed entrambi, non a caso, costituiscono i reperti più frequenti e quantitativamente più importanti. Da un punto di vista conservativo la ceramica non presenta particolari difficoltà o estreme urgenze, tranne nel caso in cui sia satura di sali solubili o sia completamente decoesa.

In alcuni ambienti particolari come i suoli salini, dove la presenza di sali solubili è abbastanza prevedibile, la ceramica appena messa in luce e ancora impregnata di umidità, non va fatta asciugare, allo scopo di evitare la cristallizzazione dei sali eventualmente presenti. Per mantenere l'umidità è sufficiente riporre i reperti in un doppio sacchetto di polietilene con un interstrato d'acqua o di "tessuto non tessuto" impregnato, che funga da piccolo serbatoio di umidità; nel caso in cui i reperti, sospetti di contenere sali solubili, siano completamente asciutti, bisogna mantenere la condizione di assenza di umidità anche con l'ausilio del gel di silice all'interno di un contenitore a tenuta stagna.

La rimozione dei sali sconfina già in un intervento di restauro vero e proprio, ma potrebbe rientrare nell'ambito della conservazione preventiva nell'ipotesi in cui i reperti non possano essere trasportati immediatamente in un laboratorio e debbano essere immagazzinati, per un lungo periodo, in un ambiente con forti escursioni termiche e di umidità.

Ci sono vari metodi di desalinizzazione, ma solo alcuni possono essere praticati sul campo in assenza di un vero e proprio laboratorio attrezzato. H.W.M. Hodges ha eseguito un esperimento su della ceramica moderna porosa, impregnandola in modo uniforme con cloruro di sodio e calcolando poi i tempi di rimozione dei sali attraverso varie tecniche[48]. La pulizia ad ultrasuoni risulta la più veloce, richiedendo dalle quattro alle cinque ore a seconda della temperatura in cui viene fatta, ma è praticabile solo in un laboratorio e da un restauratore esperto. L'immersione del frammento in un contenitore con un costante ricambio di acqua a 60° C, ha dato ugualmente dei buoni risultati: circa sei ore e mezza. Questo metodo richiede abbondanza d'acqua corrente ed energia per il riscaldamento, entrambi non sempre disponibili sul campo. Attraverso l'immersione in acqua statica, a temperatura ambiente, i tempi di desalinizzazione salgono a circa trenta ore, ma è proprio quest'ultimo il metodo più praticabile sullo scavo. Non tutti i reperti ceramici possono sopportare tempi d'immersione così prolungati. Se sono molto fragili o in cattivo stato di conservazione, gli oggetti hanno bisogno di trattamenti più specifici e difficilmente realizzabili con attrezzature di primo intervento. In tal caso è forse necessario riagganciarsi al filo conduttore di ogni azione di conservazione preventiva: il 'buon senso', ovvero la valutazione dei rischi di un intervento troppo invasivo e dei suoi risultati in termini di conservazione e di accelerazione dei tempi di analisi, studio e pubblicazione.

Se il reperto messo in luce ha una superficie completamente decoesa o è in argilla cruda, può essere necessario effettuare un consolidamento prima del prelievo o immediatamente dopo, prima del trasporto. In condizioni di umidità relativa alta si può utilizzare del Primal, altrimenti se la ceramica è asciutta, in condizioni quindi di clima secco, si può utilizzare del Paraloid. Le soluzioni per il consolidamento vanno preparate tra il 3% e il 5%. Il consolidante deve essere fatto penetrare in profondità attraverso i pori, in modo da impregnare uniformemente la ceramica: la diversa concentrazione indebolisce ulteriormente l'oggetto creando nuovi punti di frattura. E' preferibile effettuare il consolidamento all'ombra per rallentare la volatilizzazione rapida del solvente ed evitare di creare delle pellicole superficiali che ostacolerebbero la penetrazione in profondità della resina[49]. Le parti man mano consolidate possono essere ricoperte con una pellicola di alluminio, che rallenta maggiormente l'evaporazione del solvente. Se lo stato di conservazione della ceramica non ostacola l'operazione di messa in luce e prelievo, il consolidamento può avvenire anche subito dopo. In questo caso alcuni autori suggeriscono la parziale o totale immersione del reperto nel consolidante[50],

---

[48] Hodges 1986, pp. 145 - 146.
[49] Nel caso in cui si formi una pellicola superficiale biancastra, è necessario rimuoverla con il solvente prima di continuare a consolidare l'oggetto.
[50] Buys - Oakley 1998, p. 104.

operazione che dovrebbe garantirne una penetrazione omogenea. Con un'immersione parziale è preferibile versare il consolidante molto lentamente nel contenitore dove è stato adagiato il reperto. La penetrazione capillare della resina, infatti, causa la fuoriuscita dell'aria dalla superficie porosa; se questo fenomeno fosse troppo repentino potrebbe causare danni al reperto. Il tempo che impiega il consolidante a saturare l'oggetto dipende dalla sua porosità e dal metodo utilizzato.

Il fissaggio, il bendaggio, il prelievo in blocco ed il trasporto di un reperto (ad esempio un vaso) parzialmente integro[51] sono operazioni particolari e delicate, più frequenti in scavi di emergenza che non in scavi programmati, dove si ha maggior tempo a disposizione per documentare, 'smontare' ordinatamente il contesto e consegnare al restauratore l'oggetto.

Il prelievo di un vaso intero prevede anzitutto la costruzione di un supporto su cui depositarlo e trasportarlo. Per reperti non molto grandi e ben conservati, può essere sufficiente un secchio pieno di sabbia o terra, in altri casi, quando, ad esempio, il vaso è abbastanza grande, pieno di terra e non completamente integro, tanto da essere necessario un fissaggio di alcune parti o addirittura un bendaggio, bisogna preparare un supporto a rigidità graduale. La base può essere una tavola di legno o di polistirene che costituisce la parte rigida del supporto, sul quale si predispone del materiale urtoassorbente e vibroassorbente, come dei copertoni di gomma (fig. 9).

Fig. 9. Vasi imballati secondo il principio della rigidità graduata e assicurati da fasce di pellicola di polietilene.

Se durante la messa in luce, il reperto conserva ancora umidità ed il terreno intorno risulta molto duro, tanto da dover esercitare forti sollecitazioni per rimuoverlo, si può utilizzare per ammorbidirlo acqua vaporizzata: la ceramica già satura di umidità non subisce trasformazioni a contatto con altra umidità. Diversamente, nel caso in cui è asciutta, si può ammorbidire il terreno con gocce di solvente organico (acetone, alcool). Lo stesso procedimento può essere effettuato in laboratorio, durante il microscavo eseguito per liberare il vaso prelevato in blocco dal sedimento che lo ingloba (figg. 10 - 11).

Durante il prelievo in blocco del vaso potrebbe essere necessario il fissaggio di alcuni frammenti con della resina applicata su garze o carta giapponese, quest'ultima aderisce meglio in presenza di terra o polvere, ma è molto più costosa e meno reperibile. Le

---

[51] L'apparente integrità morfologica non sempre corrisponde ad un'effettiva integrità della struttura.

garze devono essere abbastanza piccole, mediamente 3 cm di lato, anche per superfici molto estese non devono superare i 10 cm, conviene al limite sovrapporle,

Figg. 10 - 11. Vaso prelevato in blocco. Il sedimento viene ammorbidito con dell'acqua vaporizzata prima di essere scavato in laboratorio.

perché nell'applicare la resina con il pennello potrebbero crearsi delle bolle d'aria che renderebbero debole il fissaggio (fig. 12).

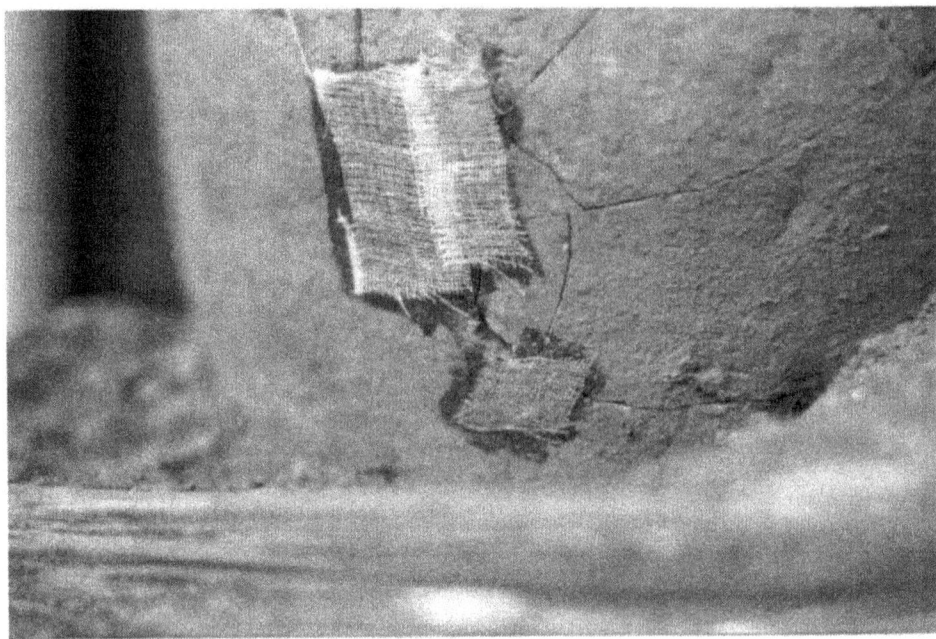

Fig. 12. Particolare del fissaggio di alcuni frammenti di un'anfora prelevata in blocco attraverso l'applicazione di garze e Paraloid (25% ca.).

Se non si dispone di carta giapponese e si lavora su superfici molto sporche, queste possono essere pulite con poco solvente per aumentarne l'aderenza. Nel fissaggio il Primal e il Paraloid sono le resine più utilizzate ma, diversamente dal consolidamento, la concentrazione è al 25% ca., poiché non deve penetrare ma creare una sorta di pellicola adesiva che impedisca ai frammenti di muoversi. Vale sempre il principio del minimo intervento utile: bisogna garzare solo i punti critici. Se un frammento può essere facilmente riattaccato, è preferibile utilizzare due punti di colla reversibile, come l'Unimast per modellismo.

Il fissaggio di alcune fratture o frammenti può non garantire ugualmente un prelievo in sicurezza del reperto, in questo caso si procede al bendaggio. Il bendaggio può essere eseguito solo su un vaso riempito di terra che fa da supporto interno (fig. 13). E' preferibile utilizzare delle bende da prontosoccorso elastiche, soprattutto se il reperto è umido, in quanto l'evaporazione dell'acqua genera una contrazione del volume totale e un bendaggio non elastico potrebbe risultare poco contenitivo (fig. 14). Un metodo molto utilizzato è quello di sovrapporre le bende per 1/3 della loro larghezza e di iniziare il bendaggio in diagonale (fig. 15)[52]. Vi sono tecniche di bendaggio più forti, ad esempio con garze gessate o imbevute di acetato di polivinile (PVA), ma questi interventi, seppure reversibili, non possono escludere in assoluto un danneggiamento della struttura già compromessa.

La prima pulitura dei reperti che viene di norma eseguita nel cantiere di scavo, subito dopo il prelievo, è un'operazione ordinaria ma, contrariamente a quanto si può pensare, è estremamente delicata e può arrecare danni irreversibili se eseguita senza alcun principio conservativo.

Lo scopo della prima pulitura è di 'smascherare' il vaso o il frammento per capirne subito la forma e la natura, per comprendere meglio il contesto di appartenenza ed eventualmente decidere se procedere al restauro o ad altri tipi di analisi. Un lavoro, quindi, di scelta preliminare dei materiali verso cui indirizzare le fasi successive dell'indagine.

---

[52] Sease 1995, p. 30; Sease 1994, p. 23; Buys - Oakley 1998, p. 100.

Fig. 13. Bendaggio contenitivo di un vaso prelevato in blocco, eseguito con fasce elastiche da prontosoccorso.

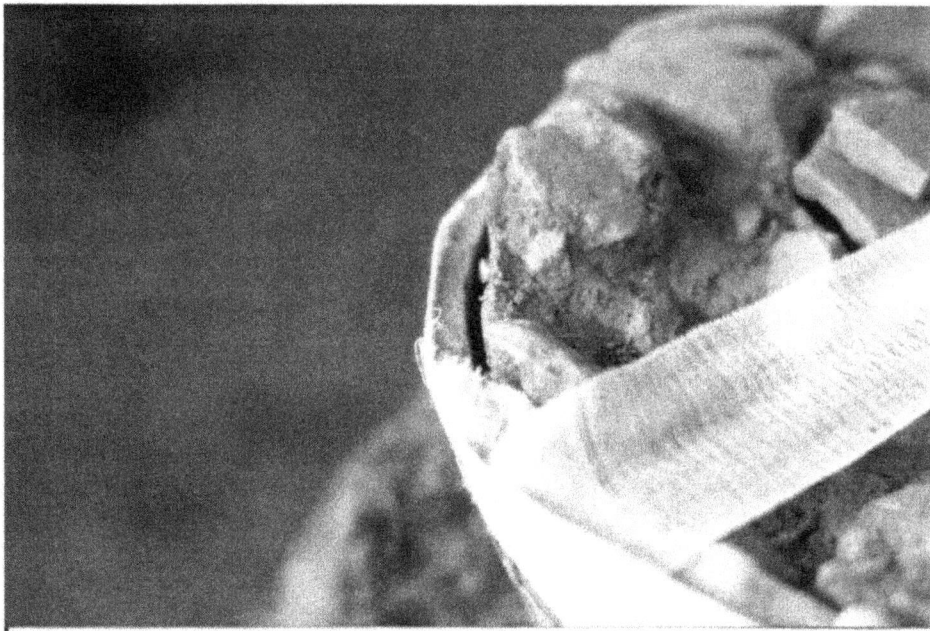

Fig. 14. Particolare del distacco tra la parete del vaso e il suo riempimento dovuto ad una forte contrazione di quest'ultimo dopo l'evaporazione dell'acqua.

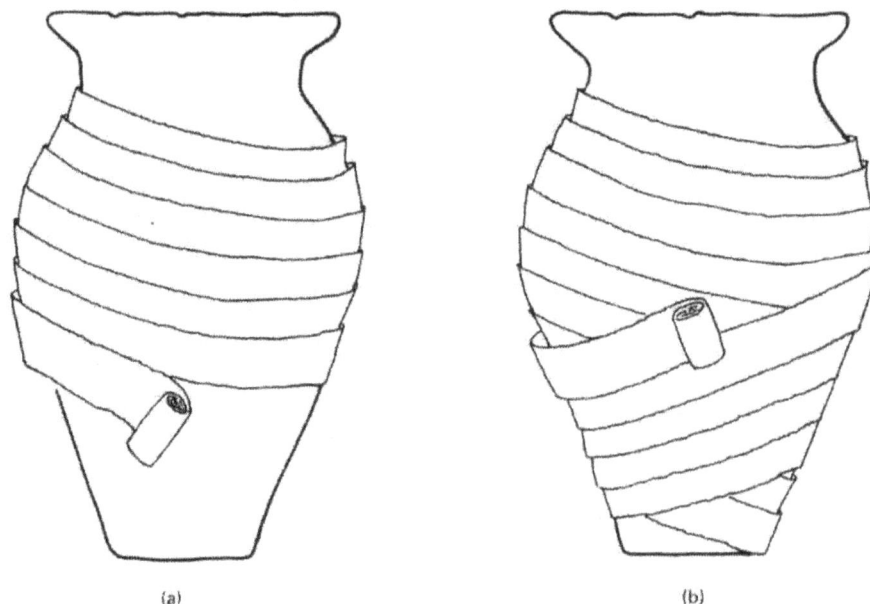

(a)   (b)

Fig. 15. Tecnica di bendaggio (Buys - Oakley 1998, p. 100).

Prima della pulitura va fatta una valutazione macroscopica del tipo di deposito e delle possibilità di rimuoverlo sul campo. Si può distinguere:

> deposito incoerente: terra, limo, sabbia (può essere facilmente rimosso);
> incrostazione: deposito stratiforme di sali non solubili o parzialmente solubili, compatto e generalmente aderente al substrato (necessita di un intervento di restauro);
> deposito coerente: patina uniforme coerente con se stessa e con il supporto (necessita di un intervento di restauro);
> concrezione: deposito compatto generalmente formato da elementi di estensione limitata, sviluppato preferenzialmente in una sola direzione, non coincidente con la superficie stessa dell'oggetto (es. stalattiti - necessita di un intervento di restauro)[53];
> efflorescenze: sali solubili in acqua (es. cloruro di sodio - si può rimuovere con difficoltà).

La prima pulitura riguarda principalmente il deposito incoerente e in alcuni casi, già analizzati, anche le efflorescenze da sali solubili.

L'acqua è il maggior solvente per lo sporco incoerente, ma prima di immergere un frammento in acqua bisogna verificarne lo stato di conservazione ed il tipo di materiale. Ad esempio le ceramiche cotte a basse temperature, sotto i 900° C, come le ceramiche preistoriche, sono poco resistenti all'acqua.

Lo stato di conservazione di un frammento ceramico, oltre che in superficie, si vede in sezione. Una sezione concoide compatta indica un buono stato di conservazione, mentre esfoliazioni e crepe (figg. 16 - 17), dovute ad una repentina essiccazione e contrazione della materia, indicano un cattivo stato di conservazione e l'utilizzo dell'acqua potrebbe peggiorare il loro stato aumentandone la sezione, in tal caso bisogna eseguire la pulizia, solo se strettamente necessaria, con piccoli impacchi localizzati di una soluzione acqua/alcool in percentuale variabile.

Se il frammento è molto sporco e presenta grandi accumuli terrosi, è preferibile umidificare i grumi con una spugnetta ed eliminarli prima di immergerlo nella vasca di pulizia. L'acqua, infatti, deve essere tenuta costantemente pulita sia perché una buona visibilità limita il rischio di abradere la superficie del frammento una volta superata la soglia dello sporco, sia perché l'acqua terrosa è essa stessa fortemente abrasiva. Nei cantieri archeologici di solito la scarsa disponibilità idrica non consente un ricambio frequente dell'acqua, ma questa può essere lasciata a riposare e poi filtrata.

---

[53] Raccomandazioni Normal 1/88.

Fig. 16. Fratture nella sezione di un frammento ceramico.

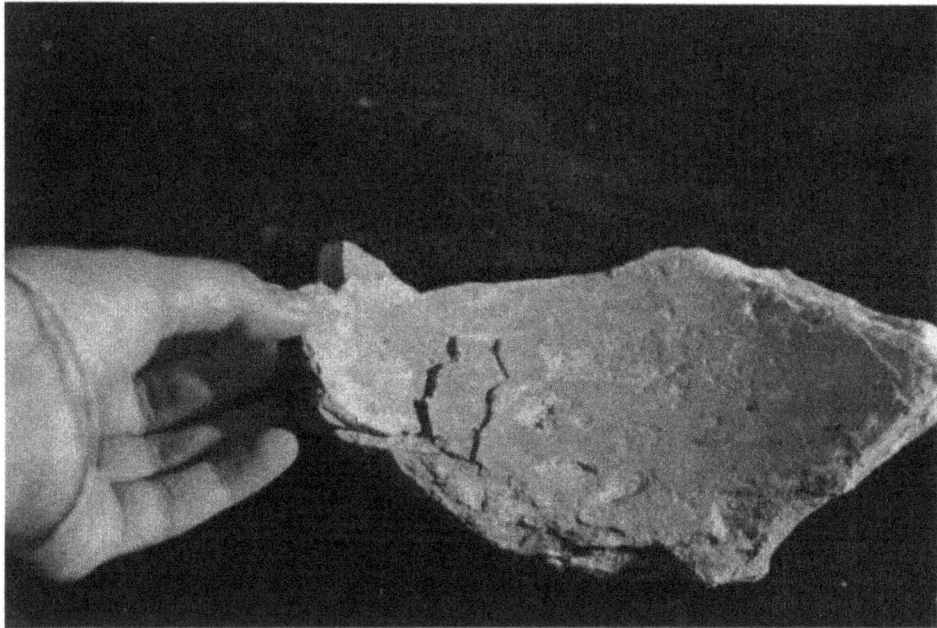

Fig. 17. Esfoliazione della superficie interna di un frammento ceramico.

La pulizia in acqua è un atto irreversibile: si ha comunque la perdita definitiva degli elementi solubili, che a volte fanno parte della struttura della ceramica (fig. 18).

Fig. 18. Residui della superficie di un manufatto ceramico sul fondo della vasca dove è stato eseguito un lavaggio con materiale molto abrasivo.

Nel laboratorio di restauro della Soprintendenza di Aosta, grazie alla collaborazione del conservatore responsabile C. Pedelì, è stato possibile eseguire alcune prove di prima pulitura su della ceramica romana (sigillata gallica, sigillata italica, frammenti di anfore romane) con spugne e spazzolini in differenti materiali. Le superfici trattate con gli spazzolini avevano le tracce della tornitura abrase (figg. 19 - 20), mentre le superfici trattate con le spugne in gommapiuma e in lattice conservavano quasi intatte le tracce della lavorazione (figg. 21 - 22). Rispetto all'utilizzo degli spazzolini sui reperti immersi in acqua, pulire singolarmente ogni frammento con le diverse spugne, tenendolo a pelo d'acqua, ha dato sicuramente maggiori risultati in termini di conservazione, ma ha richiesto dei tempi più lunghi. Tempi non sempre disponibili nella logistica dello scavo.

Fig. 19. Tracce di lavorazione al tornio su una superficie ceramica rese quasi irriconoscibili da una pulizia in acqua con materiale abrasivo.

Fig. 20. Superficie esterna di un frammento ceramico completamente asportata da una pulizia in acqua con materiale abrasivo.

Figg. 21 - 22. Tracce di lavorazione al tornio ancora ben visibili dopo una prima pulitura delicata eseguita con spugna a pelo d'acqua.

2.2. Il vetro

2.2.1. Struttura, proprietà e principali cause di deterioramento

Il vetro può essere sia di origine naturale (es: ossidiana) sia artigianale. Il vetro artigianale, oggetto di studio in questo capitolo, è relativamente recente nel mondo occidentale. La tecnica della soffiatura nasce solamente nel 40 a.C.[54]; prima la produzione dei manufatti avveniva tramite la modellazione a freddo, l'applicazione della pasta vitrea sopra un nucleo di ceramica, che veniva poi raschiato via dopo il raffreddamento, oppure la colata in forme. Gli oggetti in "Faïence", presenti in Egitto fin dal periodo Predinastico, costituiscono un esempio di applicazione di questi tre differenti metodi di lavorazione[55].

Il vetro è generalmente descritto come un materiale trasparente, omogeneo, isotropo, fragile e relativamente insolubile all'acqua e ad altri comuni solventi come l'alcool. Tecnicamente nasce da un miscuglio di silice e alcali fusi insieme ad una temperatura intorno ai 1400° - 1500° C. La sabbia di silice, fusa e raffreddata, fornisce da sola la materia prima per la creazione della pasta vitrea, ma per la lavorazione occorrono temperature altissime superiori ai 1700° C. L'aggiunta di fondenti alcalini, come il sodio e il potassio, abbassa il punto di fusione dei componenti, facilitandone la lavorazione[56]. Il calcio e il magnesio (alcalini-terrosi), invece, sono utilizzati come stabilizzanti, aumentando la resistenza chimica del materiale[57]. C.A. Daintith individua nella pasta vitrea, mediamente, una presenza di silice tra il 60% e il 68%, di ossidi alcalini (es: sodio e potassio) fino ad un massimo del 30% e di ossidi alcalini-terrosi (es: calcio e magnesio) fino a un massimo del 10%[58]. L'aggiunta di composti come gli ossidi di ferro o di rame e la cottura in ambienti ossidanti o riducenti, da alla superficie vitrea colorazioni diverse che variano dal verde/blu al giallo/marrone[59]. Dopo la fusione, nel passaggio dallo stato liquido a quello solido, la massa vetrosa è caratterizzata da un'alta viscosità che aumenta rapidamente con il raffreddamento, facendo perdere alle molecole la mobilità in tempi brevi rispetto a quelli necessari alla loro sistemazione in un reticolo cristallino, generando così un materiale dalla struttura amorfa[60]. Da un punto di vista macroscopico, in alcuni casi, si può osservare la formazione di cristalli nella trasparenza del vetro, dovuti ad un rallentamento del processo di raffreddamento e, quindi, sostanzialmente attribuibili ad un errore tecnico nel processo di fabbricazione. Questo fenomeno definito "devetrificazione", la tendenza, cioè, a trasformarsi da struttura molecolare amorfa a struttura cristallina più stabile, può essere confuso con i più comuni processi di degrado che, attraverso alterazioni chimico-fisiche, portano ad una perdita delle proprietà di questo materiale. Con il termine "processo di devetrificazione", quindi, non si fa riferimento ad un cambiamento nella composizione chimica ma soltanto ad una separazione delle formazioni cristalline dalla massa vetrosa.

Il vetro è un materiale meccanicamente e chimicamente instabile. I suoi processi di degrado e le complesse interazioni con l'ambiente di sepoltura non sono ancora completamente noti, ma molti dei fenomeni di corrosione che si sono evidenziati, sia attraverso l'analisi del materiale archeologico sia attraverso la sperimentazione sul vetro industriale, sono riconducibili all'equilibrio fra i suoi componenti, all'uso e alle condizioni di giacitura; in particolare: umidità relativa, presenza di acqua o soluzioni acquose nel suolo e area di superficie del reperto in rapporto all'unità di volume del liquido presente (S/V), ph e chimismo del terreno, temperatura, microrganismi e stress meccanici.

Prove di laboratorio sulla resistenza agli agenti deteriogeni sono state eseguite su vetro industriale, generalmente a composizione binaria (silice e alcali). Il vetro antico tende ad avere una composizione più complessa a causa delle impurità contenute nei materiali

---

[54] Newton - Davison 1989, p. 20.
[55] D'Amicone 1989, p. 8; Rosati 1989, pp. 224 - 225.
[56] Il potassio in questo senso è più efficace del sodio.
[57] Un eccesso di ossido di calcio facilita il fenomeno della devetrificazione.
[58] Daintith 1988, p. 6.
[59] Hodges 1976, pp. 54 - 56.
[60] Bailly 1990, p. 125.

utilizzati. I risultati delle prove vanno, quindi, analizzati con cautela considerando tutta una serie di variabili non ancora completamente note.

L'acqua è il principale agente deteriogeno del vetro, causando una trasformazione chimica della superficie dovuta allo scambio ionico tra gli alcali del vetro e l'idrogeno dell'acqua: gli ioni alcalini a contatto con l'acqua migrano fuori della struttura vetrosa lasciando il posto agli ioni d'idrogeno[61] e generando una superficie idrata, iridescente, molto fragile e sfaldata, con distacchi lamellari della superficie costituiti principalmente da silice (fig. 23)[62].

Fig. 23. Frammento di vetro iridescente appena prelevato e non pulito dal deposito incoerente.

Queste trasformazioni della superficie, nei casi di degrado avanzato, possono estendersi a tutta la struttura. A causa della migrazione degli alcali la soluzione con cui è a contatto il reperto, se non subisce nessun ricambio, aumenta il suo ph, raggiungendo un punto critico a 9, fase in cui anche la struttura silicea rimanente viene attaccata portando alla dissoluzione del reperto. E' stato notato che la presenza di alluminio, fosforo e rame inibisce la migrazione delle componenti alcaline[63].

In seguito alle trasformazioni chimiche subite durante il periodo di abbandono, le proprietà ottiche del vetro, come la capacità di riflettere la luce in modo omogeneo, mutano. L'iridescenza, indicatore di un avanzato stato di decomposizione del materiale, è il risultato di un'interferenza che si viene a creare nella riflessione della luce tra gli strati sottili delle esfoliazioni della superficie idrata e gli interstizi d'aria. Se viene iniettata dell'acqua in questi interstizi le proprietà ottiche tendono a normalizzarsi; il fenomeno ricompare quando l'acqua evapora.

Un vetro, subito dopo la messa in luce, può non mostrare una superficie iridescente che comincia invece ad apparire man mano che l'umidità del sottosuolo evapora. La rapida deidratazione del reperto nell'ambiente esterno non causa l'iridescenza della superficie ma, più semplicemente, la rende evidente segnalando così lo stato di degrado del reperto.

---

[61] Gli ioni d'idrogeno sono più piccoli degli ioni alcalini e questo genera una riduzione del volume della superficie.
[62] Sease 1994, p. 61.
[63] Newton - Davison 1989, pp. 135 - 136.

34

Alcuni autori mettono in correlazione gli strati delle esfoliazioni del vetro degradato con il numero di anni d'interro. Ma i risultati di esperimenti in laboratorio dimostrano che non c'è nessuna correlazione: questi strati si formano senza alcuna variazione ciclica[64].

Sempre studi di laboratorio hanno permesso di identificare cinque differenti stati di alterazione causati dalla perdita delle componenti alcaline. Dal tipo I in cui la superficie idrata è molto sottile e non comporta sostanziali modifiche, al tipo V in cui oltre ad una cospicua perdita degli alcali c'è una perdita della componente silicea, in pratica la disintegrazione della struttura vitrea[65].

Un eccesso di alcali ed una carenza di ossido di calcio nella pasta vitrea e la presenza di umidità relativa alta, possono causare il cosiddetto fenomeno del *weeping glass* ovvero la comparsa di idrossido di sodio o di potassio sulla superficie del reperto, sotto forma di gocce fortemente alcaline, che ne accelera il deterioramento[66].

Per quanto riguarda il ph del terreno è importante sottolineare che, nel caso di reperti in vetro, gli ambienti alcalini sono più aggressivi rispetto a quelli acidi, anche se questi ultimi contribuiscono notevolmente ad alterare il materiale con una forte componente di calcio. La quantità di alcali che migra fuori dalla struttura in un dato periodo di tempo, cresce con l'aumentare della temperatura.

I microrganismi (funghi, muffe e licheni) non attaccano il vetro pulito ma si fissano sui depositi fungendo da serbatoi di umidità, dato il loro potere igroscopico, e favorendo i processi di solubilizzazione delle componenti del vetro.

---

[64] Newton 1971, pp. 1 - 9; Goffer 1980, p. 2.
[65] Newton - Davison 1989, pp. 138 - 139.
[66] Brill 1963, pp. 120 - 131; Andrew 1977, pp. 5 - 9.

2.2.2. Conservazione preventiva sullo scavo

I reperti deteriorati e iridescenti vanno prelevati con la massima cautela, preferibilmente in blocco, e liberati dal sedimento in laboratorio. In questi casi occorre mantenere il più a lungo possibile la stessa UR del deposito da cui proviene il materiale: il terreno asciugandosi potrebbe creare pericolosi stress meccanici. Il vetro subisce, durante il periodo di giacitura nel terreno, delle deformazioni che possono rendere difficile il ricongiungimento dei frammenti. E' importante quindi, più che con altri tipi di materiale, tenere insieme i frammenti appartenenti ad un unico oggetto per rendere possibile il riconoscimento degli attacchi e la ricostruzione. Nel caso in cui i frammenti vitrei, appena messi in luce, apparissero in buono stato di conservazione e non fossero iridescenti, F. Chavigner suggerisce un metodo alternativo al prelievo in blocco ovvero prelevare in connessione i frammenti attraverso l'applicazione di un unico pezzo di garza, grande poco più dello spazio di dispersione dell'oggetto frantumato, fissata a ciascun frammento con punti di colla reversibile (es. UHU). Quando la colla è completamente asciutta si solleva la garza rovesciandola e deponendola su un supporto rigido (fig. 24). Prima di effettuare questa operazione, tutti i frammenti devono essere completamente liberati dal sedimento che li ingloba[67].

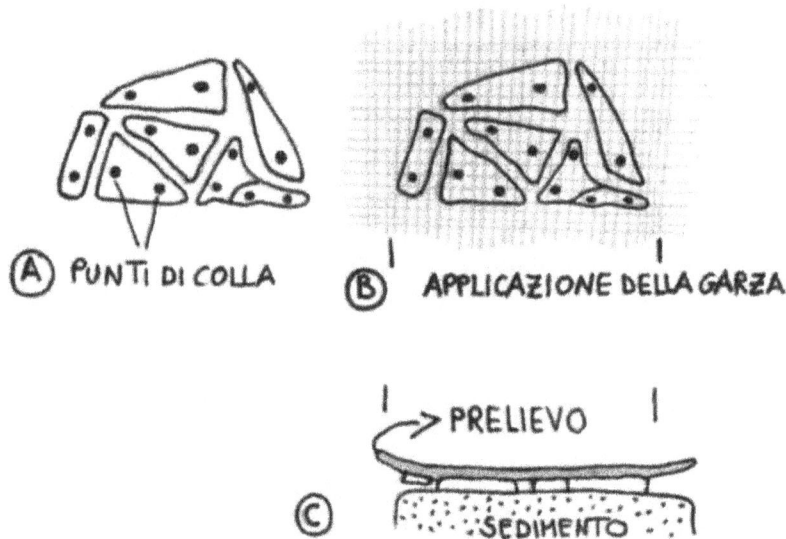

Fig. 24. Prelievo in connessione dei frammenti di un oggetto in vetro attraverso l'applicazione di una garza con punti di colla reversibile.

Data l'alta sensibilità agli sbalzi di umidità, il vetro deve essere consegnato al restauratore con lo stesso livello di UR in cui è stato rinvenuto: se bagnato va inserito in una doppia busta di polietilene sigillata, per evitare l'evaporazione rapida dell'acqua che favorirebbe l'esfoliazione della superficie e, in presenza di sali solubili, la comparsa di efflorescenze cristalline; se asciutto, invece, non deve essere umidificato per evitare la dissoluzione del sodio e del potassio[68].
Un vetro archeologico non andrebbe comunque conservato ad un'umidità relativa inferiore al 42%.

---

[67] Chavigner 1990, p. 57.
[68] Un vetro umido, sigillato in sacchetti di polietilene, dovrebbe essere conservato in un luogo refrigerato (4° C ca.) e buio per evitare lo sviluppo di microrganismi.

La rimozione del deposito incoerente non va mai effettuata con acqua ma utilizzando alcool o acetone, se il reperto è molto sfaldato occorre consolidarlo preliminarmente con del Paraloid. La prima pulitura sul campo di un manufatto vitreo difficilmente risulta indispensabile alla comprensione del contesto in cui si opera, anzi occorre sottolineare che, data l'estrema delicatezza, questa operazione non rientra nell'ambito degli interventi di conservazione preventiva e andrebbe quindi evitata.

L'imballaggio per il trasporto di un materiale così instabile meccanicamente è un'altra operazione critica ma necessaria. Occorre un supporto rigido esterno e un materiale urtoassorbente neutro interno (privo di emissioni di gas che possano interagire chimicamente). Bisognerebbe prevedere, per ogni oggetto di medie o di grandi dimensioni e parzialmente integro, tre diversi strati protettivi: un contenitore rigido non igroscopico, del polietilene espanso come urtoassorbente e del tessuto non acido a contatto diretto con il reperto (fig. 25). Per mantenere stabile l'umidità relativa possono servire dei condizionatori: agenti seccanti come il gel di silice; serbatoi di umidità come tessuti non acidi imbevuti o piccole sacche d'acqua inserite nei contenitori.

Anche se i meccanismi che causano il degrado del vetro non sono completamente noti e, di conseguenza, è difficile prevedere il comportamento di questo materiale dopo una lunga permanenza in ambienti diversi, un manufatto in vetro deve essere considerato un reperto molto delicato, che necessita di particolari precauzioni del tutto simili a quelle che si devono prendere con i reperti organici nelle varie fasi della messa in luce, del prelievo e del trasporto.

I trattamenti per la conservazione devono cominciare immediatamente dopo la messa in luce e non a distanza di ore o settimane dal rinvenimento.

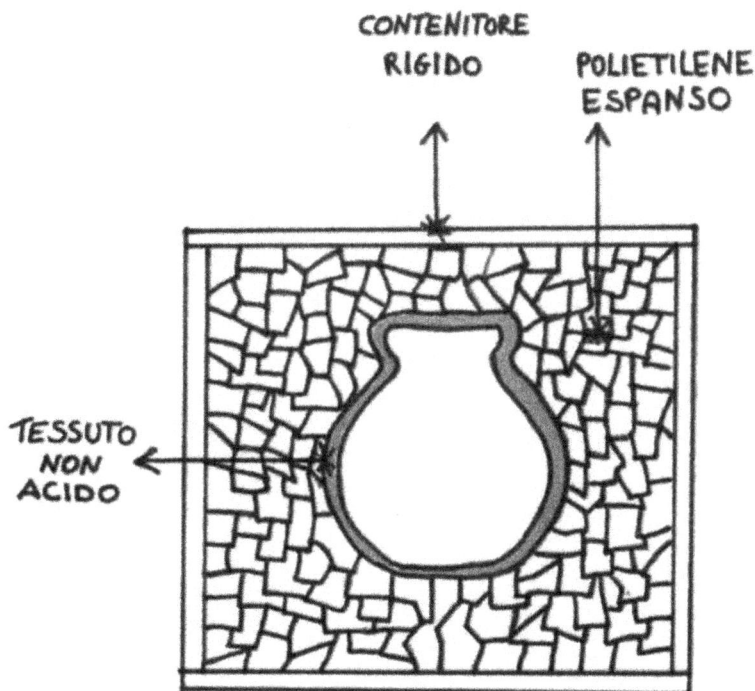

Fig. 25. Esempio d'imballaggio di un reperto in vetro.

2.3. I metalli

2.3.1. Struttura e proprietà

I metalli allo stato solido hanno una struttura cristallina: gli atomi che li compongono sono disposti nello spazio secondo configurazioni che si ripetono regolarmente a formare un reticolo cristallino.

I reticoli cristallini che caratterizzano la maggior parte dei metalli sono di tre tipi: cubico a facce centrate, cubico a corpo centrato ed esagonale (fig. 26)[69].

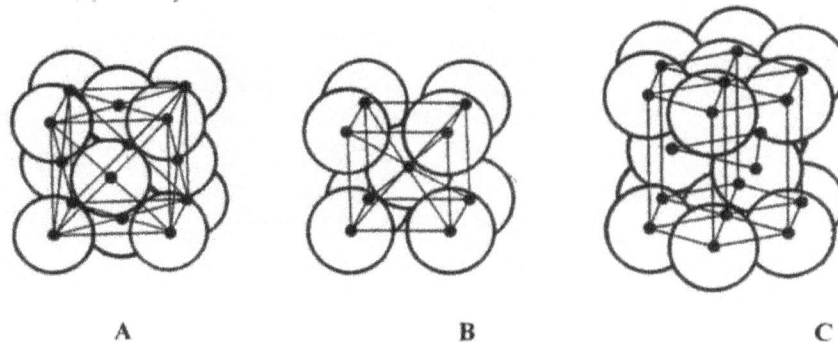

A   B   C

Fig. 26. Reticoli cristallini: A) cubico a facce centrate; B) cubico a corpo centrato; C) esagonale (Leoni 1984, p. 14).

L'oro, l'argento ed il rame sono gli unici metalli che si trovano allo stato nativo[70], gli altri sono estratti da composti minerali (ossidi, solfuri, carbonati, solfati, silicati) attraverso una reazione chimica generalmente condizionata da alte temperature. Il passaggio dallo stato liquido della fusione a quello solido avviene attraverso la formazione di più centri cristallini elementari. Al termine della solidificazione, la massa metallica è costituita da più aggregati di cristalli chiamati grani, orientati diversamente tra loro. La crescita poliedrica dei grani, secondo particolari assi del reticolo, da origine a strutture di forma arborea chiamate dendriti[71]. Da un punto di vista conservativo il limite tra i vari grani individua delle zone di grande eterogeneità (presenza di impurità, difetti della struttura cristallina, ecc.) che sono soggette ad un particolare tipo di corrosione intergranulare.

I metalli puri e le leghe sono caratterizzati da proprietà ben definite riconducibili ad un particolare legame chimico degli atomi definito appunto legame metallico:

- sono solidi a temperatura ambiente (ad eccezione del mercurio);
- sono lucenti;
- possiedono una buona conducibilità termica ed elettrica;
- hanno una buona plasticità, sono duttili[72];
- offrono una buona resistenza alle sollecitazioni meccaniche;
- non sono porosi;
- sono insolubili nell'acqua;
- sono attaccabili dagli acidi, dagli alcali e dai biodeteriogeni;
- non bruciano ma possono fondere[73].

---

[69] Accardo - Vigliano 1989, p. 25.

[70] Il ferro meteoritico è un caso molto raro di metallo allo stato nativo. Bertholon - Relier 1987, p. 60.

[71] Leoni 1984, p. 16.

[72] "I metalli pur possedendo la struttura cristallina, tipica dello stato solido, presentano la caratteristica di lasciarsi forgiare nelle più diverse forme per deformazione plastica...Ciò è possibile in quanto il reticolo cristallino dei metalli presenta la caratteristica di poter scorrere lungo particolari piani del cristallo senza rompersi. I piani lungo i quali avviene lo scorrimento sono dei piani cristallografici ben definiti per ciascun tipo di reticolo cristallino." Leoni 1984, p. 18.

Le leghe sono generate dall'unione, mediante fusione, di un metallo con un altro elemento metallico o metalloide. Le leghe costituite da due soli elementi, ad esempio il bronzo che nasce dalla fusione del rame con lo stagno, sono dette binarie ma esistono anche leghe ternarie, quaternarie ed oltre. Sempre da un punto di vista della conservazione, una lega, rispetto ad un metallo puro, è caratterizzata da maggiori punti di eterogeneità e discontinuità nella struttura che aumentano le possibilità dell'insorgenza dei fenomeni corrosivi.

---

[73] Bertholon - Relier 1990, p. 165; Pedeli - Pulga 2000, p. 86.

2.3.2. Principali cause di deterioramento

Il termine "deterioramento" applicato ad un reperto metallico si riferisce ai processi di corrosione che ne hanno completamente trasformato la struttura. Un metallo cosiddetto archeologico ha generalmente subito un cambiamento di colore, un aumento di peso e la modifica delle proprietà chimiche, fisiche e meccaniche. I metalli, estratti attraverso le tecniche metallurgiche, sono particolarmente instabili e tendono a tornare al loro stato minerale iniziale. La corrosione non è altro che l'insieme dei processi chimico-fisici che si stabiliscono tra il metallo e l'ambiente circostante e ne causano il ritorno, 'la degenerazione', allo stato minerale di origine, termodinamicamente più stabile, attraverso la formazione dei cosiddetti prodotti della corrosione (ossidi, carbonati e solfuri). I metalli che si trovano in natura: oro, argento e rame sono in una condizione di maggiore stabilità chimica rispetto ai loro possibili prodotti, subendo solo parzialmente queste alterazioni. La corrosione è, quindi, un fenomeno spontaneo e irreversibile che non può essere arrestato ma soltanto rallentato.

In alcuni casi dopo un lungo periodo di giacitura in un suolo non soggetto a forti sbalzi di temperatura e umidità, in condizioni di scarso ricambio d'aria e di luce, si viene a creare una sorta di equilibrio tra la superficie metallica e l'ambiente circostante tanto da rallentare i processi corrosivi fino quasi ad annullarli. E' sufficiente però che una soltanto delle variabili di questo precario equilibrio si modifichi, ad esempio con la messa in luce dell'oggetto, per riattivare la corrosione.

A determinare l'evoluzione dei processi corrosivi concorrono un insieme di complesse interazioni. E' possibile individuare alcune cause principali:

- l'acqua che permette il trasporto di numerose sostanze disciolte (sali - gas) o in sospensione. Un'umidità relativa che supera la soglia critica del 60% - 80%, provoca la condensazione dell'acqua sulla superficie della struttura, la dissoluzione dell'ossigeno atmosferico nel film più o meno continuo di liquido e l'attacco elettrochimico del metallo;
- i sali solubili presenti nel terreno, che agiscono diversamente a seconda la loro composizione chimica;
- i gas: l'ossigeno, l'idrogeno e quelli che provengono dalla decomposizione delle materie organiche con cui il reperto metallico è a contatto;
- il ph del terreno: i metalli sono attaccabili sia dagli acidi che dagli alcali;
- le caratteristiche pedologiche del terreno: se è molto poroso favorisce la circolazione d'acqua e di gas. In un terreno sabbioso con circolazione d'acqua, come un ambiente marino, la superficie metallica può subire un'erosione meccanica che influisce sui successivi processi di corrosione;
- i batteri anaerobi del terreno;
- il contato tra due metalli diversi (ad esempio nel caso di oggetti compositi) con differente potenziale elettrochimico in presenza di umidità. In questo caso il metallo meno nobile, zona anodica, si dissolve mentre il più nobile, zona catodica, rimane inalterato[74];
- le tecniche impiegate nella lavorazione ed i trattamenti subiti dal materiale. Un oggetto prodotto attraverso il metodo della cera persa può essere inquinato da una certa quantità di materiale refrattario, poroso e igroscopico, appartenente alla forma di fusione, che si comporta da spugna favorendo i processi corrosivi. La lavorazione a freddo produce una discontinuità sulla superficie metallica con zone caratterizzate da maggiore durezza ed altre da maggiore fragilità, determinando così una diversa resistenza alla corrosione[75].

In termini più generali possono essere individuati due diversi tipi di corrosione: passiva e attiva.

---

[74] Leoni 1984, p. 73.

[75] Attraverso la battitura a freddo i metalli duttili incrementano la loro resistenza meccanica e la loro durezza, in quanto sono sottoposti a sollecitazioni in grado di produrre, nella loro struttura, deformazioni permanenti, fenomeno indicato come "incrudimento". Per eliminare le tensioni del materiale, in seguito alla battitura a freddo, spesso è necessario scaldare l'oggetto e lasciarlo poi raffreddare (tecnica della ricottura). Accardo - Vigliano 1989, p. 31.

Il termine passivo indica la formazione di alcuni prodotti come carbonati e ossidi di rame e di ferro, che formano una patina omogenea e molto compatta sulla superficie metallica impedendo all'ossigeno di penetrare e rendendo la velocità di ossidazione prossima allo zero. Una patina protettiva deve essere caratterizzata da alcune determinate caratteristiche chimico-fisiche, come la poca solubilità e porosità, una forte adesione alla superficie del metallo ed una bassa conduttività ionica[76].

Il termine attivo indica invece la presenza di certi prodotti come i cloruri (frequenti in ambienti marini) che, in presenza di umidità, creano un meccanismo ciclico e violento di corrosione localizzata e non uniforme, fino alla completa mineralizzazione del metallo. I cloruri, che si concentrano nei crateri lasciati liberi dalla dissoluzione del metallo, sono instabili e reagiscono con l'umidità formando ossidi e liberando progressivamente acido cloridrico che attaccando un nuovo strato di metallo, da il via ad una reazione a catena. La corrosione attiva nel rame e nelle sue leghe è evidenziata dalla presenza di cloruro verde chiaro, a volte sotto forma di pustole pulverulente; la corrosione attiva del ferro, invece, si riconosce dalla presenza di fessure e crateri con all'interno materiale bruno scuro[77].

Da un punto di vista strettamente morfologico la corrosione può essere suddivisa in otto tipologie differenti (fig. 27)[78]:

- patina uniforme;
- crateriforme;
- intergranulare: quando il fenomeno corrosivo si propaga lungo il bordo dei grani (frequente nelle leghe);
- transgranulare: quando il fenomeno corrosivo si propaga all'interno dei grani;
- selettiva: quando in una lega sono a contatto due metalli e la corrosione riguarda preferibilmente uno dei due;
- intragranulare: quando la corrosione crea delle cavità all'interno dei grani;
- interdendritica: anche questa tipica delle leghe, progredisce nel contorno dei dendriti, per effetto delle eterogeneità strutturali e chimiche che si verificano durante la colata del metallo fuso;
- stratificata.

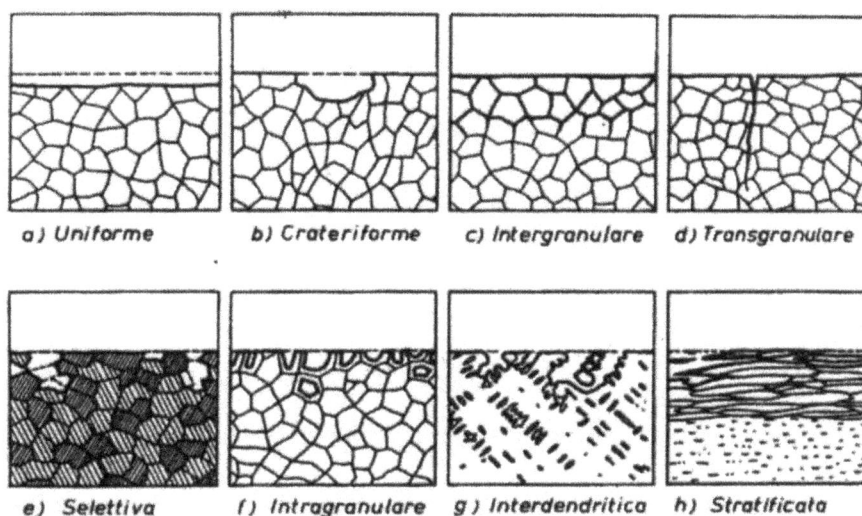

a) Uniforme   b) Crateriforme   c) Intergranulare   d) Transgranulare

e) Selettiva   f) Intragranulare   g) Interdendritica   h) Stratificata

Fig. 27. Rappresentazione schematica dei differenti aspetti morfologici dei fenomeni corrosivi (Leoni 1984, p. 72).

[76] Bertholon - Relier 1990, p. 176.
[77] Bertholon - Relier 1990, pp. 180 - 182.
[78] Leoni 1984, pp. 71 - 73.

Principali prodotti dei processi corrosivi riscontrabili sui manufatti[79]

- Rame e leghe (fig. 28)

- Ossidi: la cuprite è l'elemento minerale più diffuso su questo tipo di manufatti, ha una gamma di colorazioni che variano dal rosso cupo al giallo-arancio. Si trova generalmente sotto patine superficiali di altri prodotti come i carbonati (malachite e azzurrite) o i solfati.
- Carbonati: malachite, più frequente e di colore verde scuro; azzurrite che si trova più raramente e spesso in aggregati di microcristalli blu frammisti a malachite.
- Solfati: sono più frequenti sulla superficie di manufatti esposti agli agenti atmosferici.
- Solfuri: la loro presenza é spesso dovuta alla trasformazione dei solfati per azione di alcuni batteri presenti nel terreno. Sono di colore bruno quasi nero.
- Cloruri: sono i prodotti più dannosi perché producono un ciclo di corrosione attiva che porta in breve alla disintegrazione del reperto. Molto frequenti in suoli salini, hanno una colorazione che varia, a seconda dei composti minerali, dal verde, al verde-blu, al grigio chiaro.

Fig. 28. Effetti della corrosione su un reperto in bronzo.

- Ferro

- Ossidi: sono generalmente indicati con il temine "ruggine", formano una crosta irregolare con un colore che varia dal bruno al giallo-arancio secondo i minerali che la compongono.
- Fosfati: si formano in terreni argillosi molti umidi e ricchi di sostanze organiche e formano una patina protettiva che a contatto con l'aria assume una colorazione bluastra.
- Cloruri: come per il rame sono prodotti molto pericolosi che innescano cicli di corrosione attiva.

---

[79] Leoni 1984, p. 81.

2.3.3. Conservazione preventiva sullo scavo

La struttura del metallo archeologico può essere talmente compromessa che risulta difficile riconoscerne la composizione e la morfologia e distinguerne la superficie originale, l'epidermide, ovvero il limite tra l'oggetto e l'ambiente al momento del suo abbandono[80]. Vi possono essere dei casi in cui l'epidermide è completamente corrosa e ne resta solamente un'impronta inglobata nella corrosione (fig. 29).

Gli interventi di conservazione preventiva sui reperti metallici, nel cantiere di scavo, devono essere finalizzati a rallentare i processi di corrosione attiva, nel periodo che intercorre tra la messa in luce e l'intervento del restauratore, periodo che deve essere necessariamente più breve rispetto ad altri reperti (ceramica, pietra, osso). Bisogna stare attenti a non intaccare, in fase di prima pulitura, la patina che ricopre l'oggetto, sia perché non si ha la certezza della conservazione dell'epidermide e sia perché alcuni prodotti della corrosione possono inglobare residui organici e inorganici, attribuibili alla funzione dell'oggetto, informazioni che con l'asportazione incauta della patina andrebbero perse.

Un metallo rinvenuto leggermente umido va fatto asciugare molto lentamente all'ombra prima di essere imballato per il trasporto, mentre un metallo saturo d'acqua, come ad esempio un reperto proveniente da uno scavo subacqueo, va mantenuto immerso in acqua dolce, preferibilmente demineralizzata e con un biocida in basse percentuali[81].

Se l'oggetto è molto fragile deve essere prelevato in blocco insieme alla matrice di sedimento e, solamente in casi eccezionali, può essere consolidato *in situ*, con resine acriliche reversibili[82] o fissato con l'ausilio di garze o carta giapponese.

Per l'imballaggio di un reperto asciutto si può utilizzare un contenitore a tenuta stagna in materiale neutro (polipropilene - PP, polietilentereftalato - PET), il gel di silice, come condizionatore dell'umidità relativa, e del "tessuto non tessuto" o del polietilene espanso, come materiale urtoassorbente e vibroassorbente. I metalli trattati con Paraloid o paraffina, se vengono immagazzinati in luoghi umidi o se sottoposti a forti sbalzi di UR o di temperatura, possono 'esplodere' ovvero presentare dei rigonfiamenti sotto il film protettivo che indicano una corrosione di nuovo attiva (fig. 30).

La prima pulitura sullo scavo deve essere effettuata solo se ritenuta strettamente necessaria, ad esempio nel caso in cui non si ha la possibilità di avere l'intervento immediato di un restauratore, e deve riguardare esclusivamente lo sporco incoerente, residuo del sedimento, questo infatti è fortemente igroscopico e favorisce la corrosione elettrochimica innescata dall'acqua.

- Rame e bronzo

La corrosione del rame o delle sue leghe provoca la formazione di spesse patine superficiali mineralizzate e uniformi che di solito non compromettono la forma dell'oggetto e anzi, in assenza di composti clorurati, formano un guscio protettivo abbastanza stabile. Piccole verruche verde intenso sulle superfici in bronzo indicano punti di corrosione attiva, rallentata in genere dalla presenza di una pellicola superficiale, che non va mai rimossa sullo scavo, in quanto si rischia di innescare un processo rapido e violento di corrosione estesa che può portare in poco tempo alla polverizzazione del reperto. Il primo intervento di pulitura si deve limitare al deposito incoerente che, come è già stato evidenziato, è estremamente igroscopico e quindi la sua rimozione è, di fatto, un'azione conservativa. Si può usare una soluzione di acqua e alcool in percentuali variabili oppure una soluzione di acqua e acetone. L'alcool etilico (90% - 95%) e l'acetone sono due solventi organici altamente volatili che fanno evaporare rapidamente l'acqua mantenendo umido il reperto per pochissimo tempo. La rapidità con cui questi due solventi evaporano agisce meccanicamente sulle molecole di sporco, muovendole e facilitandone la rimozione. L'ideale sarebbe utilizzarli allo stato puro ma proprio per l'alta volatilità non è una soluzione pratica in un cantiere di scavo, soprattutto in condizioni climatiche calde.

---

[80] Bertholon - Relier 1990, p. 185.
[81] Bertholon - Relier 1987, p. 66.
[82] Sui metalli non bisogna usare emulsioni acquose tipo Primal.

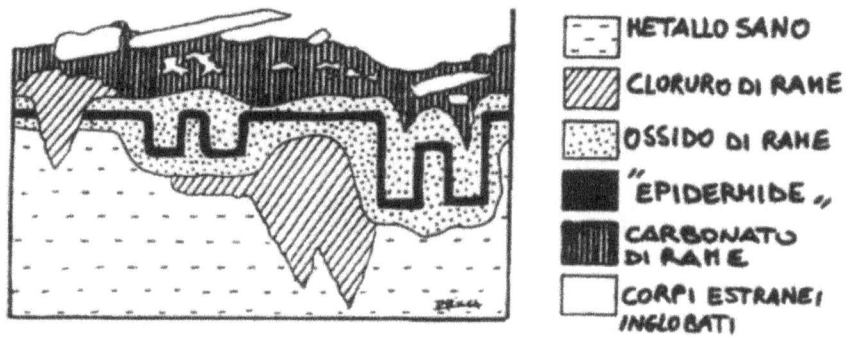

Fig. 29. Corrosione di un reperto in bronzo in sezione (elaborato da Bertholon 1987, p. 64).

Legenda:
- METALLO SANO
- CLORURO DI RAME
- OSSIDO DI RAME
- "EPIDERMIDE"
- CARBONATO DI RAME
- CORPI ESTRANEI INGLOBATI

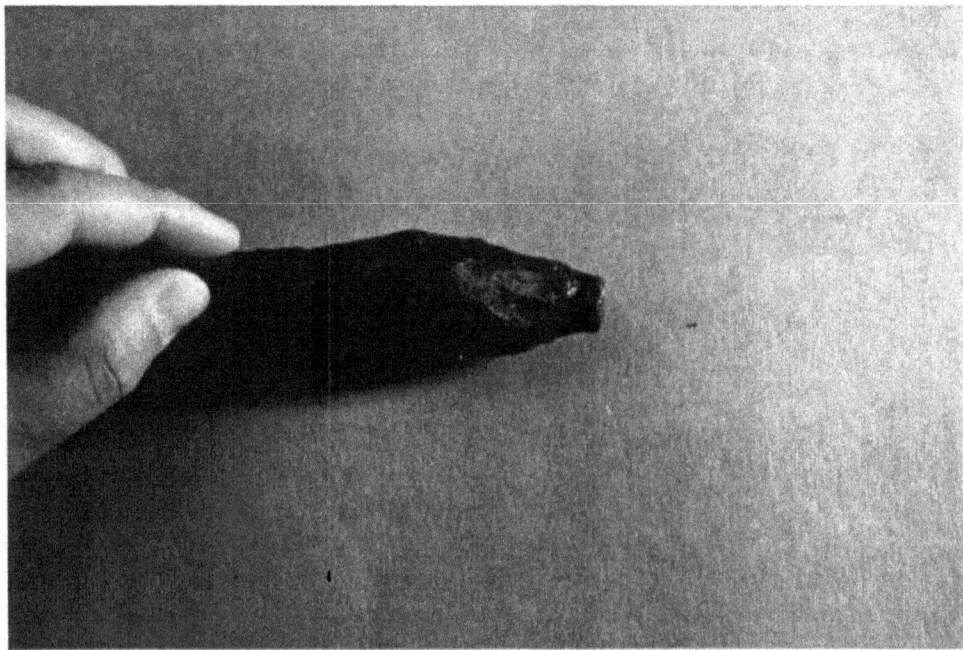

Fig. 30. Reperto in bronzo che presenta nuovi punti di corrosione attiva sotto l'applicazione della pellicola protettiva.

Uno spazzolino di setole dure (la patina, se uniforme, è abbastanza resistente a questo tipo di azione meccanica) aiuta notevolmente l'eliminazione dello sporco (fig. 31).

Le monete sono gli oggetti che più frequentemente vengono sottoposti ad una prima pulitura subito dopo il rinvenimento; dalla loro identificazione, infatti, si possono ricavare dati importanti per la datazione dei contesti.

Sezionando una moneta in bronzo ossidata si nota:

1) un nucleo di metallo con ossidazione attiva;

2) uno strato polveroso che avvolge il nucleo (prodotto della corrosione);

3) una patina ossidata stabile di colore nero brunastra, che potrebbe costituire l'unico elemento su cui sono ancora leggibili le informazioni e quindi non va mai tolta. Questa patina può non essere solamente frutto del degrado del tempo ma essere una patina antica dovuta all'uso;

4) patina superficiale ossidata verde più o meno stabile;

5) deposito incoerente, residui del sedimento.

Il procedere dell'ossidazione tende alcune volte a gonfiare gli strati più superficiali della moneta, creando una fenomeno detto "effetto crackers", in questi casi il reperto va trattato con particolare delicatezza e la pulizia evitata.

Fig. 31. Reperto in bronzo dove sono stati eseguiti dei tasselli di pulizia per eliminare lo sporco superficiale.

• Ferro

E' il metallo archeologico più instabile, facilmente soggetto ad una forte ossidazione che lo deforma completamente.

La prima operazione da eseguire è verificare se la corrosione è attiva avvicinando una calamita al reperto: se questo è attirato vuol dire che, sotto l'ossido di ferro, esiste ancora un'anima di metallo e che la corrosione è attiva, bisogna quindi agire con la massima cautela e celerità; in caso contrario, se il reperto non subisce l'attrazione del magnete vuol dire che il metallo si è completamente ossidato ed è quindi stabile (corrosione non attiva)[83].

L'acqua è il maggior solvente del deposito incoerente ma anche il principale attivatore della corrosione del ferro. Come per i reperti in bronzo è preferibile usare una soluzione di acqua/alcool o acqua/acetone, meglio i due solventi organici allo stato puro, tenendo presente la loro alta volatilità.

Generalmente la corrosione del ferro è talmente violenta che modifica morfologicamente l'oggetto rendendone irriconoscibile la forma originaria, che può essere rivelata solamente in laboratorio, sottoponendo il reperto ai raggi x (fig. 32).

Fig. 32. Effetti della corrosione sul ferro: il reperto è completamente deformato.

---

[83] Pedelì - Pulga 2000, p. 99.

2.4. Materiali organici: legno, cuoio e avorio.

2.4.1. Struttura, proprietà e principali cause di deterioramento

I materiali organici derivanti dal mondo animale e da quello vegetale sono caratterizzati da determinate proprietà:

- bruciano;
- sono sensibili alla luce;
- subiscono il biodeterioramento causato dall'attività di micro e macro-organismi;
- sono igroscopici ovvero assorbono acqua rapidamente mutando le dimensioni;
- tendono a mantenere un'umidità relativa in equilibrio con l'ambiente: in condizioni climatiche secche cedono acqua deidratandosi, in condizioni climatiche umide assorbono acqua dall'ambiente idratandosi.

L'unità fondamentale degli organismi viventi è la cellula; le cellule vegetali sono composte prevalentemente da cellulosa, un polisaccaride, mentre le cellule animali sono costituite al 60% da proteine e al 40% da lipidi complessi.

I materiali organici, dopo l'abbandono, sono soggetti ad un deterioramento di ordine biologico, chimico e fisico. L'umidità è la principale causa del degrado biologico insieme all'ossigeno e alla temperatura. In condizioni di umidità relativa alta, superiore al 65%, i microrganismi che causano la decomposizione dei tessuti si sviluppano anche a temperature e a livelli di ph del terreno abbastanza estremi. Vi sono, inoltre, batteri che sopravvivono in condizioni anaerobiche, ma i processi di deterioramento sono molto rallentati, come nel caso di materiali saturi d'acqua dove la penetrazione dell'ossigeno è limitata.

Il rinvenimento di materiali organici in archeologia è molto raro; avviene solo in condizioni particolari quali le zone desertiche nordafricane, dove un clima caldo e secco ha deidratato completamente i tessuti vegetali o animali e ne ha permesso la conservazione, oppure le torbiere danesi, dove l'assenza di ossigeno, la saturazione d'acqua, la presenza di biocidi naturali e temperature inferiori ai 4° C hanno ugualmente rallentato i processi putrefattivi. Altre cause più o meno accidentali possono concorrere alla conservazione del materiale organico, ad esempio la carbonizzazione: il carbone, rispetto al legno, possiede una grande inerzia chimica ed è inattaccabile dai microrganismi, può essere però soggetto ad un degrado fisico per la sua scarsa resistenza agli stress meccanici[84].

- Legno

Il legno è costituito da cellulosa, emicellulosa e lignina, quest'ultimo è un elemento molto stabile chimicamente che costituisce una sorta d'impalcatura della struttura. Le proporzioni tra questi elementi variano tra conifere e latifoglie. Il legno rinvenuto in ambienti saturi d'acqua mantiene in genere la sua morfologia ma subisce profonde trasformazioni chimiche. La cellulosa, infatti, si discioglie completamente, lasciando degli spazi vuoti all'interno delle pareti di lignina; l'acqua penetra in questi spazi riempiendoli e impedendo alla struttura di collassare su se stessa (fig. 33). Il reperto conserva in questo modo un apparente aspetto integro[85]. Diversamente in un ambiente molto secco il legno perde la sua naturale umidità ed i microrganismi, che lo attaccano nella prima fase di abbandono, non si sviluppano più, rallentando il processo di decomposizione.

- Cuoio

La pelle è costituita principalmente da fibre di collagene, soggette in genere ad una putrefazione abbastanza rapida tranne in alcuni casi, come condizioni ambientali secche

---

[84] Mannoni - Molinari 1988, p. 334.
[85] de Guighen 1995, p. 21.

e suoli ben drenati, in cui si avvia un processo di mummificazione naturale, oppure condizioni anaerobiche, con ph e temperature ottimali (es. torbiere). Il cuoio, pelle trattata con diversi metodi: tannino, essiccazione naturale, sali, oli o affumicatura, è più resistente e si rinviene più frequentemente. Il cuoio completamente degradato si presenta come un gel, in questo caso non è possibile recuperarlo ma si può solo documentare.

- Avorio

Proviene principalmente dagli incisivi superiori dell'elefante o dell'ippopotamo. E' formato essenzialmente da dentina non ricoperta di smalto. La dentina si accresce a strati, ma questa conformazione si comincia a notare solo con l'inizio del processo di deterioramento, quando la struttura perde densità e comincia a sfaldarsi secondo le zone di accrescimento. E' un materiale molto sensibile alle variazioni di umidità. La distinzione tra osso e avorio in fase di scavo può risultare difficile[86].

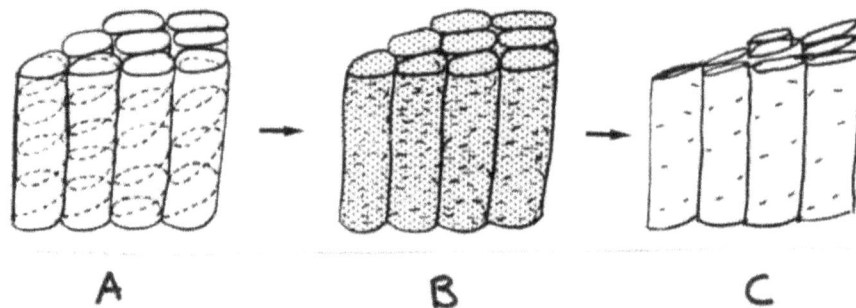

Fig. 33. A) legno non deteriorato:strutture di lignina e cellulosa; B) legno archeologico saturo d'acqua: strutture di lignina e acqua al posto della cellulosa deteriorata; C) legno archeologico saturo d'acqua, esposto all'aria: l'acqua evapora creando un vuoto nelle strutture di lignina (elaborato da de Guichen 1995, p. 24).

---

[86] de La Baume 1990, p. 233.

2.4.2. Conservazione preventiva sullo scavo

I materiali organici, soprattutto se molto deteriorati, richiedono l'intervento di un restauratore sullo scavo. Diversamente vanno prelevati, liberati dai depositi macroscopici di sedimento, veicolo di batteri, e depositati con un imballaggio provvisorio, in un ambiente monitorato con umidità e temperatura controllate.

Le tecniche di pulizia e di imballaggio variano molto a seconda se l'oggetto viene rinvenuto secco o impregnato d'acqua (le due condizioni estreme in cui i materiali organici hanno maggiore possibilità di conservarsi). Un reperto secco ha perso sia l'acqua libera, sia l'acqua legata chimicamente alla struttura, in questo modo la possibilità per i batteri di proliferare è quasi nulla, ma le modifiche chimiche hanno diminuito la resistenza meccanica del materiale rendendolo fragilissimo. La prima pulizia di un reperto secco deve togliere il deposito incoerente più superficiale senza danneggiare l'oggetto. L'acqua è assolutamente vietata, perché crea delle condizioni di umidità idonee all'innesco del degrado biologico. Solventi molto volatili come l'acetone e l'alcool sono adatti a questo tipo di operazione, che deve però essere eseguita gradualmente per piccole zone. Il fenomeno dell'evaporazione rapida esercita inoltre una certa pressione sulle molecole di sporco, facilitandone la rimozione.

Gli oggetti umidi, in genere, non vanno fatti asciugare, perché l'acqua libera si è inserita nella struttura sostituendosi ad alcuni elementi, come la cellulosa nel caso del legno, e l'asciugatura porterebbe alla scomparsa totale dell'oggetto. Per i reperti umidi si può utilizzare l'acqua come solvente del deposito incoerente.

L'imballaggio deve prevedere dei condizionatori di umidità come il gel di silice[87] o dei serbatoi d'acqua all'interno del contenitore. In particolare per la pelle ed i tessuti si potrebbe utilizzare il metodo di conservazione sottovuoto.

Il consolidamento di un materiale organico è un'operazione troppo complessa per essere effettuata sul campo; è preferibile eseguire un prelievo in blocco.

Prelievo di una trave di legno umida

Un legno umido deve essere protetto dagli agenti atmosferici: raggi UV (ultravioletti) - IR (infrarossi - calore) e aria.

Durante la messa in luce, la trave deve essere continuamente inumidita, coprendola man mano con strati alterni (*wafer*) di 'tessuto non tessuto' (TNT) umido e alluminio, che agiscono come dissipatori del calore. I *wafer* possono essere sostituiti da pannelli costituiti da uno strato di gommapiuma o di polietilene e uno di alluminio, utilizzati di solito dietro i termosifoni. Se la struttura della trave esiste ancora ed è abbastanza consistente, il reperto può essere prelevato scavando leggermente sotto, in modo da creare dello spazio per disporre dei piccoli supporti in legno o meglio in Ethafoam; si effettua poi una prima garzatura contenitiva bagnata e, se vi sono delle fratture, si inseriscono delle stecche. Quando la trave è ben salda nella garzatura si solleva e si fascia con TNT bagnato, pellicola di polietilene e spago e si deposita su un supporto appositamente preparato a rigidità graduata (fig. 34). Si può inserire del biocida sulla garzatura per rallentare la formazione di microrganismi[88].

[87] Secondo C. Sease il gel di silice non va utilizzato come condizionatore nella conservazione dei reperti in avorio. Sease 1995, p. 42.

[88] Tecnica utilizzata dal laboratorio di restauro della Soprintendenza della Valle d'Aosta.

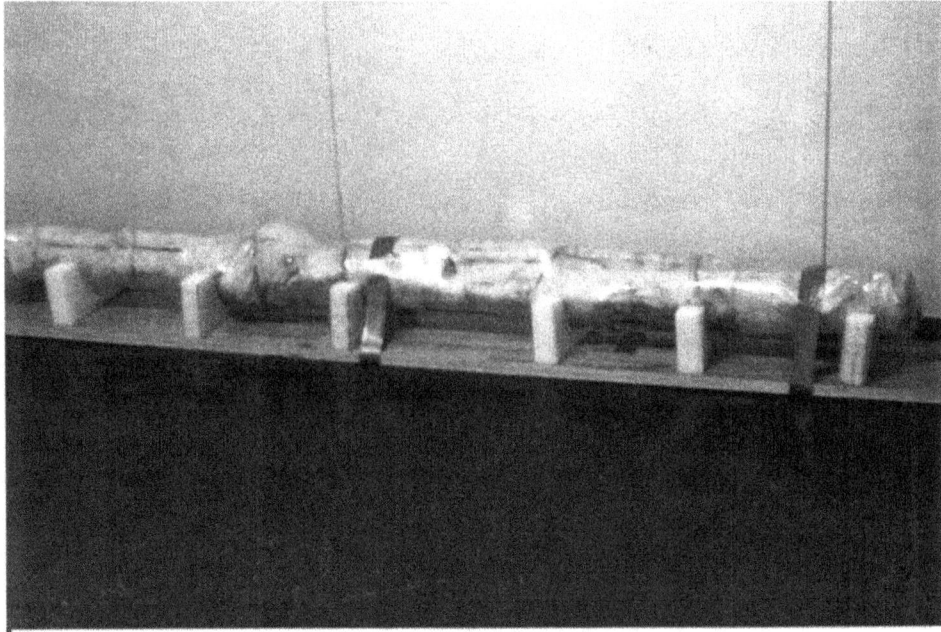

Fig. 34. Esempio d'imballaggio, per trasporto in laboratorio, di una trave rinvenuta impregnata d'acqua.

Capitolo 3. Gli ecofatti

3.1. Aspetti generali

Si è finora presa in esame un'ampia porzione della documentazione archeologica definita con il termine "manufatti", che include tutto ciò che deriva dall'attività umana con uno specifico riferimento alle tradizioni culturali. I reperti paleontologici, paleobotanici e antropologici, invece, sono spesso identificati con il termine "ecofatti" ad indicare quella parte delle testimonianze che non sono state prodotte dall'uomo, in alcuni casi ne hanno subito l'influenza, e che costituiscono una documentazione fondamentale dell'ambiente e dei paesaggi in cui le popolazioni antiche vivevano e con cui interagivano. In questo lavoro si è voluto dare maggiore spazio ai reperti antropologici, accennando soltanto ad alcune delle problematiche generali della conservazione degli altri ecofatti. I resti paleontologici possono rientrare parzialmente, sia come analisi dei principali fattori di deterioramento sia come tecniche di conservazione preventiva, nella trattazione generale dei reperti antropologici, con particolare attenzione per la microfauna. Il recupero di ossa fossili di grandi dimensioni, come quelle dei giacimenti del Paleolitico inferiore, può presentare dei problemi differenti. La pesantezza di questi reperti, soprattutto se impregnati d'acqua, li rende estremamente fragili; in questo caso è preferibile prelevarli insieme al sedimento eseguendo uno strappo. Nello scavo di Isernia La Pineta in Molise le operazioni di strappo dal terreno sono state precedute da un consolidamento con del Paraloid in acetone al 4% - 5% e dall'applicazione di una garzatura; il prelievo in blocco è stato eseguito con una doccia in gesso[89]. La camicia in gesso può tuttavia essere troppo pesante, date le dimensioni del reperto, è quindi preferibile sostituirla con del poliuretano espanso all'interno di una casseratura in legno.

I resti paleobotanici, a seconda del deposito da cui provengono, possono essere rinvenuti sia con la parte organica parzialmente conservata, anche se fortemente modificata, sia carbonizzati o completamente mineralizzati. Ogni diverso stato di conservazione comporta metodi specifici di recupero e trattamento. Un principio uniformemente valido è che gli interventi di conservazione preventiva, su questo tipo di reperti, devono essere ridotti al minimo per non inquinare i dati ed invalidare le analisi d'identificazione della specie[90].

I resti paleobotanici mineralizzati, ad esempio quelli ritrovati nei coproliti, non richiedono particolari precauzioni avendo completamente perso la loro parte organica, mentre quelli provenienti da depositi saturi d'acqua come le torbiere, devono essere trattati con la stessa urgenza e cautela dei reperti organici: non vanno fatti asciugare ma conservati in ambiente umido, con basse percentuali di biocidi per evitare la formazione di muffe, funghi o batteri. I resti carbonizzati o quelli completamente deidratati vanno invece conservati in un luogo asciutto e privo di polvere; essendo inoltre molto sensibili agli stress meccanici, andrebbero depositati preferibilmente in un contenitore alto e stretto, in modo da limitarne il movimento, inserito in un supporto di materiale urtoassorbente come il polietilene espanso.

---

[89] Boscato 1991, p. 39.
[90] Ferrè 1987, p. 83.

3.2. I reperti antropologici

3.2.1. Struttura, proprietà e principali cause di deterioramento

Con il termine "reperti antropologici" vengono indicati tutti i resti organici umani provenienti da un contesto archeologico. E' evidente che i resti scheletrici costituiscono il maggior volume di rinvenimenti di questo tipo e il principale oggetto di studio in paleoantropologia. Tra gli elementi dell'organismo umano, infatti, i tessuti molli ed i capelli si conservano solo in condizioni climatiche particolari o se sottoposti ad una mummificazione indotta artificialmente.

In Egitto le complesse pratiche funerarie per la conservazione volontaria dei defunti, attestate durante le dinastie faraoniche, traggono probabilmente ispirazione da forme di preservazione naturale dei corpi, frequenti in ambienti caldi ed aridi, come quello egiziano, che consentono una completa disidratazione dei tessuti e l'inibizione dei processi putrefattivi. La pratica funeraria, diffusa nel periodo Predinastico, di seppellire i morti direttamente a contatto con la sabbia del deserto, terreno con notevoli proprietà drenanti, ha consentito il rinvenimento di numerosi esempi molto antichi di mummificazione naturale (fig. 35).

Lo stesso processo di inibizione spontanea degli agenti biodeteriogeni è stato riscontrato nei cosiddetti *bog bodies*, le mummie delle torbiere dell'Europa nord-occidentale, dove la completa assenza di aria unitamente ad un clima freddo hanno quasi completamente arrestato la decomposizione dei corpi consentendone una conservazione eccezionale, come nel caso celeberrimo dell'uomo di Tollund, rinvenuto nel 1950 nelle paludi torbose danesi di Bjaevskoldal (fig. 36)[91]. L'alto grado di acidità caratteristico delle torbiere non favorisce, nella maggior parte dei casi, la conservazione delle ossa all'interno dei corpi, mentre i tessuti organici molli ed i capelli subiscono leggere alterazioni, rimanendo quasi intatti.

La struttura ossea e i denti si conservano comunque in condizioni ambientali molto eterogenee. La loro alta percentuale di componente inorganica li rende molto resistenti ai fenomeni putrefattivi che iniziano subito dopo il decesso dell'individuo e al deterioramento dovuto all'interazione con il terreno di giacitura. I denti sono, in assoluto, le strutture anatomiche meno soggette al degrado del tempo grazie allo smalto che ricopre la corona. Questo, infatti, costituisce l'elemento fisiologico maggiormente mineralizzato: 96% di materiale inorganico e 4% di materiale organico[92].

La maggior parte degli studi e della letteratura sulla conservazione dei resti ossei in archeologia riguarda i manufatti realizzati con ossa animali e materiali affini (es. avorio e corno), difficilmente i resti scheletrici umani hanno ricevuto in questo campo un'attenzione paragonabile[93], nonostante siano anch'essi sottoposti ai processi di trasformazione causati da agenti biotici, fisici e chimici[94]. Uno scavo archeologico, che non tenga conto di tali alterazioni diagenetiche, può produrre ulteriori traumi e repentini cambiamenti di equilibrio alla struttura della materia, danneggiandola irreversibilmente fino, in casi limite, alla sua completa distruzione. La perdita parziale o totale dei dati antropologici provenienti da un contesto archeologico, significa una drastica riduzione, se non addirittura una vera e propria impossibilità a ricostruire la biologia di un dato gruppo. Come sottolinea D.R. Brothwell, nessuna ricostruzione degli aspetti sociali (oltre che biologici) può essere completa senza esaminare la struttura fisica e la salute della comunità[95]. La ricerca paleoantropologica è potenzialmente in grado di fornire sulle popolazioni del passato informazioni che a volte raggiungono considerevoli dettagli: stima numerica della popolazione, rapporto percentuale fra i sessi, composizione e distribuzione dei gruppi di età alla morte, aspetti della dieta e patocenosi[96].

---

[91] Grilletto 1987; Lauring 1957.

[92] Mallegni 2001, p. 29.

[93] Janaway - Wilson - Caffell - Roberts 2001, p. 199.

[94] Panagiaris 2001, p. 95.

[95] "The Human Skeleton offers a no less fruitful subject of inquiry than ceramics, metals, architecture o any other field of historical or prehistorical study. It can provide much information on human societies of the past, and infact no social reconstruction can be complete without examining the physique and the health of the community." Brothwell 1981, p. 1.

[96] Manzi - Salvadei 1985, p. 195 ; Grupe - Garland 1992; Saunders - Katzenberg 1992.

Fig. 35. Sepoltura egiziana risalente al periodo Predinastico e conservata al Museo egizio di Torino. Il corpo, sepolto a diretto contatto con la sabbia del deserto, ha subito un processo naturale di mummificazione.

Fig. 36. Uomo di Tollund (Renfrew - Bahn 1995, p. 385).

A questi dati se ne aggiungono altri che si basano sull'analisi in traccia di alcuni elementi come ad esempio l'azoto della matrice organica dell'osso[97]. La quantità di azoto presente in un osso moderno è circa il 4%, la velocità con cui diminuisce alla morte dell'individuo dipende dalla temperatura, dall'umidità e dal chimismo del terreno, ma è da considerarsi costante all'interno dello stesso contesto ambientale. La stima della quantità in traccia dell'azoto, in reperti ossei provenienti dallo stesso deposito stratigrafico, può aiutare quindi a determinarne una datazione relativa e a verificarne la contemporaneità[98].

La buona riuscita delle analisi dipende da una raccolta dati attenta e accurata e da un corretto svolgimento delle procedure di recupero. Non tutti gli interventi di conservazione preventiva, che devono o che possono essere effettuati sul campo per evitare la frammentazione e la perdita dei reperti, risultano necessari e utili al successo delle indagini, anzi alcune volte, come ad esempio nel caso di un consolidamento, possono ostacolarle. La scelta dei materiali e dei metodi di conservazione è quindi un compito particolarmente complesso. G. Panagiaris sostiene che eticamente la conservazione delle informazioni, contenute in un reperto organico, dovrebbe avere la priorità sulla conservazione della sua morfologia ma, in alcuni casi, informazioni significative possono essere perse proprio per il mancato intervento di un conservatore[99].

Le ossa umane sono formate in genere da un tessuto esterno lamellare e compatto, i cui pori non superano la dimensione di 2 millimicron, e da un tessuto interno spugnoso e molto permeabile. Chimicamente sono costituite per il 30% ca. da una matrice organica, in prevalenza collagene, mucoproteine e aminopolisaccaridi, e per il 70% ca. da una matrice inorganica in cui l'elemento minerale principale è il calcio.

I resti antropologici, durante le operazioni di recupero, possono presentarsi alterati o modificati da cause intervenute prima della deposizione (fase biostratinomica)[100], queste sono generalmente frutto di azioni volontarie collegate a specifici comportamenti sociali e culturali, come ad esempio i rituali funerari dell'imbalsamazione o dell'incinerazione, oppure da cause intervenute dopo la deposizione; in questo caso si parla di fase tafonomica o diagenetica. Non esiste una regola generale nei processi diagenetici. Essi variano in funzione della temperatura, dell'umidità, dell'areazione e della composizione chimica del sedimento, della presenza o meno di batteri e della natura del reperto (distretto anatomico di appartenenza, sesso ed età dell'inumato), dando luogo a differenti tipologie e livelli di degrado. Nonostante tale molteplicità di fattori interagenti, le ricerche in campo tafonomico[101] sono sempre più indirizzate verso l'individuazione di leggi generali di causa-effetto[102] attraverso l'uso di analogie e studi di riproducibilità in ambiente controllato; questi consentirebbero la creazione di 'casi studio' comparativi e la determinazione di specifiche dinamiche nei processi di diagenesi:

"replication studies permit the identity of specific process - patterns relationships, and more specifically of what patterns can be (but not necessarily are) produced by what processes"[103].

Nel determinare lo stato di conservazione dei resti antropologici il ph del terreno è un elemento molto importante, calcolabile con una cartina tornasole; forti variazioni, in un senso o nell'altro, possono causare il rapido deterioramento sia delle sostanze organiche che inorganiche. In suoli con ph tra 6 - 8, infatti, si può sviluppare un batterio, il Clostridium histolyticum, che causa in tempi brevi il disfacimento del collagene. In condizioni di ph inferiore a 5 (altamente acido) o superiore a 9 (altamente basico), questo batterio non si sviluppa e la possibilità di ritrovare del collagene in traccia, anche

---

[97] Si definisce in traccia un elemento la cui concentrazione è inferiore allo 0,01%.

[98] Brothwell 1981, p. 4; Renfrew - Bahn 1995, p. 100.

[99] Panagiaris 2001, p. 95.

[100] "Un reperto scheletrico, o meglio un individuo, subito dopo l'*exitus* è sottoposto ad una serie di sollecitazioni in grado di produrre mutamenti. Se queste avvengono prima della deposizione sono riunite sotto la denominazione di fase biostratinomica". Mallegni - Rubini 1994, p. 140.

[101] I. A. Efremov definì, nel 1940, la Tafonomia come "the laws of burial". Efremov 1940, pp. 81 - 93.

[102] "Modification has two components: 1) Process (=activity, agent, cause, causal agent, causal factor, event, external agent, force, formation process, modifier, sequence of events, strategy) by which patterns come to be produced on a bone and 2) Pattern (=effect) which is the resulting change on the bone caused by the process". Marshall 1989, p. 8.

[103] Marshall 1989, p. 22.

in reperti molto antichi, è maggiore. Al contrario la matrice inorganica è particolarmente sensibile all'acidità dei suoli, solubilizza, infatti, con ph inferiore a 5[104]. In questo caso il reperto appena recuperato appare in un buon stato di conservazione, in realtà la scomparsa della matrice inorganica ne ha compromesso irreversibilmente le proprietà meccaniche. Ad esempio in un ambiente con ph inferiore a 5 ma anaerobico, come le torbiere acide, il collagene non subisce nessuna decomposizione e le ossa, sottoposte comunque ad una demineralizzazione dovuta all'acidità, risultano particolarmente flessibili tanto da poter essere temporaneamente deformate da una compressione e tornare poi alla loro forma originaria[105].

Il disfacimento della frazione organica lascia spazi vuoti all'interno della struttura e può dare origine a fenomeni di mineralizzazione a contatto con l'acqua del suolo. In terreni particolarmente umidi, infatti, questi vuoti si saturano dei sali solubili presenti e veicolati dall'acqua[106]. La rapida cristallizzazione di questi sali dopo il recupero del reperto, causata dalla variazione dell'umidità relativa e della temperatura, riconoscibile attraverso efflorescenze biancastre superficiali, può essere causa di un distacco di frammenti di superficie[107]. Il fenomeno di fossilizzazione, molto frequente in ambienti ipogei e in presenza di abbondanti acque percolanti, è leggermente diverso dalla mineralizzazione, in quanto apporta delle modifiche strutturali al reperto. A. Ascenzi[108] descrive tre fasi successive nel processo di fossilizzazione: (a) graduale scomparsa delle strutture organiche; (b) loro sostituzione con i materiali trasportati dalle acque del terreno; (c) sostituzione degli elementi chimici che costituiscono la struttura cristallina delle idrossiapatite[109], individuando proprio in quest'ultima metamorfosi chimica la caratteristica essenziale di un reperto osseo fossilizzato, che aumenta la compattezza, il peso e la sua resistenza nel tempo.

Al degrado biologico e chimico si aggiunge quello fisico determinato da fattori meccanici (erosione eolica, frane, trasporto fluviale, ecc.) e termici. Un osso bruciato presenta colorazioni differenti secondo la temperatura cui è stato esposto: fino a circa 800° C, quando la componente organica non è completamente combusta, tende al nero-grigio, oltre diventa bianco-bluastro[110]. In generale la superficie bruciata ha un aspetto opaco, disidratato e presenta numerose fratture dalla cui natura è possibile dedurre se l'esposizione al fuoco è avvenuta prima o dopo la scarnificazione. Infatti se la superficie è crepata con un motivo a quadrilateri irregolari o presenta spaccature longitudinali vuol dire che l'osso non era ricoperto dai tessuti molli durante la combustione, altrimenti la superficie presenterebbe delle spaccature irregolari trasversali e concoidi[111].

Le scelte delle misure conservative preventive in fase di scavo partono, quindi, da una buona diagnosi delle proprietà chimiche e fisiche del reperto osseo e da un'accurata analisi dei fattori ambientali e antropici che hanno influenzato il contesto archeologico.

---

[104] Mallegni - Rubini 1994, p. 173.
[105] Brothwell 1981, p. 18.
[106] de La Baume 1990, p. 244.
[107] Lo stesso fenomeno si ha con i materiali inorganici e porosi come la pietra e la ceramica.
[108] Ascenzi 1963, p. 331.
[109] I cristalli indisciolti di idrossiapatite sono la forma principale in cui si trova il calcio della matrice inorganica, presente in minore quantità anche sotto forma di fluoruro di calcio, carbonato di calcio e citrato di calcio.
[110] Doro Garetto et al. 1993, p. 293; Salvadei - Santandrea - Manzi 1997, pp. 698 - 702.
[111] Ubelaker 1984, pp. 36 - 37.

3.2.2. Conservazione preventiva sullo scavo

I distretti scheletrici messi in luce durante lo scavo non devono rimanere a lungo esposti alla luce diretta del sole, infatti un'asciugatura troppo rapida può causarne la rottura, è necessario quindi creare delle zone di ombra, eventualmente coprendo le parti esposte con dei fogli di alluminio per rallentare l'evaporazione dell'acqua. Un'asciugatura parziale è comunque auspicabile prima del prelievo, in quanto i reperti molto umidi sono più fragili e vi sono maggiori possibilità di fratturazione. Il cranio richiede una particolare attenzione; vi sono, infatti, delle zone estremamente delicate soprattutto nell'area maxillo-facciale (fig. 37).

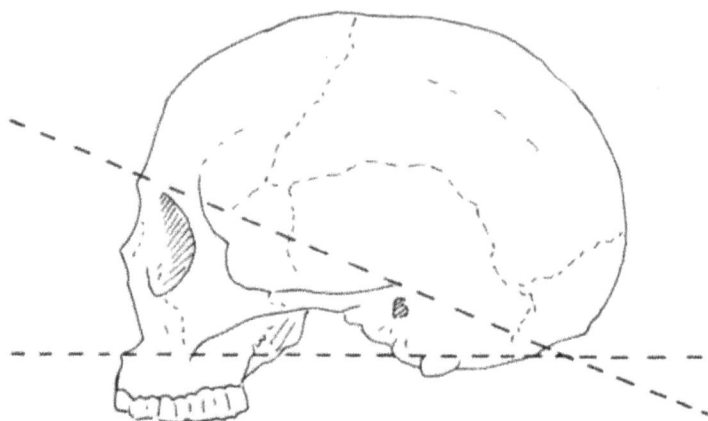

Fig. 37. Cranio umano; cuneo di maggiore fragilità (Manzi - Salvadei 1985, p. 200).

I meati acustici vanno riempiti con del cotone o con altro materiale idoneo per evitare la fuoriuscita degli ossicini dell'udito, ovviamente se i meati sono riempiti da deposito terroso, questo sostituisce la funzione del cotone. Le ossa completamente impregnate d'acqua non vanno fatte asciugare, tranne nel caso in cui si è assolutamente sicuri del loro buono stato di conservazione, altrimenti si devono conservare bagnate all'interno di una busta di polietilene sigillata con 20 - 25 ml di biocida diluito allo 0,2%[112]. Il reperto così imballato può essere inserito in una seconda busta di polietilene sigillata contenente dell'acqua. Il biocida può essere evitato nel caso ci sia la possibilità di conservare i sacchetti di polietilene in un luogo refrigerato. Questo tipo di reperto deve essere in ogni modo consegnato in tempi molto brevi ad un restauratore. La presenza di sali solubili, riconoscibili da efflorescenze biancastre in superficie e facilmente prevedibili nel caso di siti sul mare o in zone desertiche saline, è un altro caso in cui il reperto non deve subire sbalzi di umidità. Nel caso in cui è già completamente asciutto, questa condizione deve essere mantenuta fino all'intervento del restauratore, anche avvalendosi del gel di silice.

Parte del deposito incoerente sulle ossa andrebbe asportato subito dopo il prelievo perché asciugandosi, soprattutto nel caso di terreno argilloso, potrebbe causare delle fratture, dovute a stress meccanico, in zone fragili come le cavità orbitali o nasali. S.P. Koob scavò nel 1982 ad Ercolano, nel settore sud-orientale della città, i resti di numerosi individui sepolti in un sedimento di fango molto umido, supportato da una matrice sabbiosa. Il ph neutro del sedimento e l'assenza di sali solubili avevano conservato perfettamente gli scheletri ma, dopo la messa in luce, le ossa parzialmente ancora inserite nel deposito fangoso, cominciarono a fratturarsi a causa della rapida evaporazione dell'acqua. La rimozione dal sedimento, che asciugandosi causava il forte stress meccanico, fu considerato uno dei primi interventi di emergenza da effettuare per la conservazione dei reperti:

---

[112] Sease 1994, p. 51.

"The 'mud' because of its volcanic nature, turned into an intractable cement upon drying and was almost impossible to remove without damaging the bones. Therefore it was decided that two most important aspects of the treatment that the bones needed were thorough cleaning and consolidation"[113].

Una pulizia più approfondita del deposito incoerente[114], se necessaria, può essere svolta sul campo, a secco con pennelli morbidi o con una spugna inumidita preferibilmente con acqua distillata. In ogni caso i resti ossei non devono mai essere messi in immersione nell'acqua perché, se la parte esterna presentasse delle fratture (a volte vi sono microfratture non visibili ad occhio nudo), l'acqua potrebbe penetrare nella parte spugnosa gonfiando e spaccando il reperto.

Su reperti particolarmente deteriorati, che non possono essere prelevati senza comprometterne la morfologia, si può intervenire con un preconsolidamento sul luogo del rinvenimento. L'applicazione di una resina consolidante è un'operazione molto delicata e solo parzialmente reversibile, va quindi eseguita con la massima cautela dove si ritiene strettamente necessaria e non può essere sostituita da tecniche meno invasive come il prelievo in blocco della sepoltura o il bendaggio delle parti più fragili. La scelta del tipo di consolidante e la corretta applicazione diventano fondamentali non solo per la buona riuscita del prelievo ma anche per le successive fasi di restauro e la conservazione del reperto sul lungo termine. Ogni materiale, infatti, secondo la temperatura, il grado di umidità, la reperibilità e la quantità, può risultare più o meno idoneo al contesto. La cera calda (di paraffina, d'api o misture) è stata uno dei primi consolidanti ad essere utilizzati, ma numerosi studi, fin dai primi anni Cinquanta, hanno evidenziato l'inadeguatezza e la pericolosità di questa sostanza che calda penetra nelle crepature delle superficie e, raffreddandosi, aumenta di volume creando vere e proprie fratture. La cera produce inoltre delle evidenti alterazioni cromatiche e, se di origine organica, può sviluppare nel tempo colonie d'insetti. Tra le resine più utilizzate vi sono: il Paraloid B72, in soluzione al 3% - 5%, impiegato in condizioni di umidità relativa bassa, e il Primal AC33/AC34, in soluzione al 2% - 4%, in condizioni di umidità relativa alta. L'acetato di polivinile (PVA), resina o emulsione, è spesso consigliato[115], tende però a diventare troppo morbido in ambienti caldi, fornendo uno scarso supporto[116], e penetra più difficilmente in profondità rispetto al Paraloid o al Primal per la maggiore dimensione dei polimeri che lo compongono.

Sono state condotte alcune analisi di verifica sul comportamento delle sostanze consolidanti[117]. Nella fig. 38 è riportata in percentuale la variazione di peso, calcolato sottovuoto, di alcuni reperti ossei prima e dopo il consolidamento con alcune delle resine più utilizzate. Il Vinnapas (CEF10), una resina polivinilica in emulsione acquosa, è il materiale che ha interagito maggiormente con il reperto, mentre il Paraloid (B72) ed il Primal (AC33) hanno avuto una resa migliore.

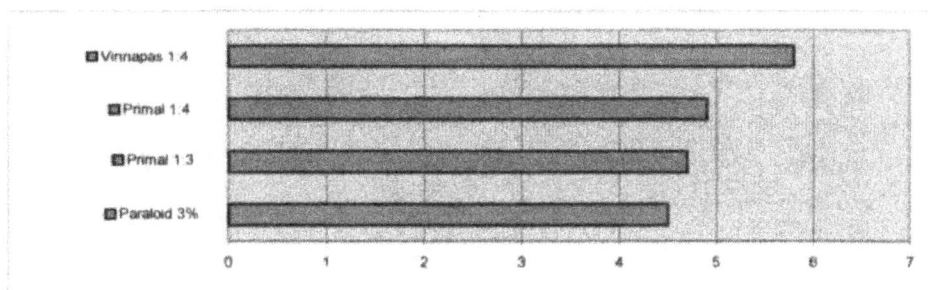

Fig. 38. Variazione (%) del peso dopo il consolidamento.

[113] Koob 1992, pp. 157 - 166.
[114] Incrostazioni calcaree, efflorescenze, macchie causate da ossidi metallici ed altri tipi di deposito, differenti da quello incoerente, vanno trattati in laboratorio con apparecchiature specifiche.
[115] Shelton - Johnson 1995, p. 59; Ubelaker 1984, p. 39.
[116] Sease 1994, p. 49; Johnson 2001, p. 99.
[117] Mallegni - Rubini 1994, p. 184.

L'applicazione di resine e di solventi, rende i reperti ossei inutilizzabili per analisi geochimiche e biochimiche[118]. E' necessario quindi effettuare, preliminarmente all'intervento, un prelievo di campioni di tessuto. Un consolidamento su un reperto appena messo in luce che non abbia ancora subito una prima pulitura dal deposito incoerente, può far si che parte del deposito aderisca alla superficie ostacolandone poi la rimozione, per questo molti autori concordano nell'effettuare almeno un pulizia parziale prima dell'applicazione della resina[119]. Nel caso però di gravi alterazioni si può preconsolidare il reperto senza la pulizia preliminare, che verrà eseguita in un secondo momento utilizzando lo stesso solvente ed un pennello morbido.

La principale difficoltà nell'applicazione del consolidante risiede nella compattezza del tessuto osseo che ostacola la penetrazione della soluzione. L'evaporazione del solvente va quindi rallentata il più possibile. Un consolidamento superficiale rende più fragile il reperto. Il consolidante si applica con pennelli, siringhe e contagocce. D.R. Brothwell suggerisce anche il metodo "sottovuoto" ovvero il reperto viene immerso nella resina, in una scatola metallica a tenuta stagna con inserito un aspiratore d'aria. Aspirando l'aria si creano dei vuoti nelle cavità dell'osso che vengono riempiti dal consolidante. L'autore stesso però afferma che è un'operazione difficile da eseguire sul campo e pericolosa perché la troppa pressione potrebbe portare al collasso della struttura ossea già fragile[120].

In alcune situazioni, come i recuperi di emergenza o nel caso in cui si voglia conservare intatto l'intero contesto di una sepoltura, può essere necessario effettuare l'asportazione in blocco dell'intera matrice di terra, questa tecnica rappresenta a volte una buona alternativa al consolidamento, non precludendo, tra l'altro, nessuna possibilità di analisi successiva[121]. Lo stacco di una sepoltura, al di là dei materiali che vengono utilizzati, segue alcune regole generali, applicabili non solo ai reperti antropologici: 1) 'smascheramento' della superficie per verificare l'eventuale necessità di un fissaggio o di un consolidamento; 2) isolamento del reperto e contenimento del perimetro; 3) taglio alla base ed isolamento dal terreno; 4) posizionamento di un supporto idoneo per il trasporto. Un metodo frequentemente applicato in Paleontologia è la "camicia di gesso"[122]. Il gesso è un materiale facilmente reperibile e poco costoso ma è poco pratico su ampie superfici perché molto pesante e in ambienti umidi non si solidifica bene in quanto fortemente igroscopico. Tra il gesso ed i reperti deve essere frapposto uno strato spesso di tessuto umido (preferibilmente di "tessuto non tessuto"). Alcuni autori suggeriscono di ricoprire di tessuto bagnato e di gesso anche la parte inferiore della matrice di sedimento dopo averla staccata e rovesciata[123].

Oltre al gesso sono disponibili altri prodotti, come la schiuma di poliuretano e la vetroresina, che richiedono però una maggiore preparazione nell'utilizzo, a causa della loro alta tossicità. L'équipe del laboratorio di restauro della Soprintendenza della Valle d'Aosta utilizza delle tecniche di stacco delle sepolture che prevedono in alcuni casi l'utilizzo di queste sostanze. Di solito si esegue preliminarmente un fissaggio con Paraloid o Primal al 15% - 20%, a seconda delle condizioni di umidità relativa, oppure con garze imbevute di cera alla paraffina riscaldata, applicate su una pellicola spessa di alluminio posta a copertura delle ossa[124]. La cera non può essere applicata direttamente sui reperti perché, diversamente dalle resine acriliche, non è reversibile. Se il reperto è gravemente danneggiato, oltre ad un fissaggio, viene fatto un consolidamento (con soluzioni di Paraloid o di Primal diluite al 3% - 5% ca. ed inserite nelle ossa con una siringa) che, come si è visto, può precedere la pulizia. Il deposito incoerente viene poi tolto in laboratorio, sciogliendo a piccole zone la terra consolidata sulla superficie, con lo stesso solvente utilizzato per la resina, ed eseguendo poi un secondo consolidamento. Dopo il fissaggio si isola la matrice di terra che si vuole prelevare e la si circonda con una casseratura in legno di qualche centimetro più alta. Si stende sulla superficie dei

[118] Shelton - Johnson 1995, p. 64 "Any sub-fossil bone which has been chemically altered by adhesives, consolidants, handling or storage is not the same biogeochemical entity that it was before such additions or exposure."
[119] Brothwell 1981, p. 10; Ubelaker 1984, p. 39.
[120] Brothwell 1981, p. 11.
[121] Se il reperto si presenta in un pessimo stato di conservazione, le due tecniche di recupero possono essere affiancate, facendo ovviamente precedere il consolidamento allo stacco.
[122] White 1991, p. 290.
[123] Ubelaker 1984, pp. 39 - 42.
[124] Le resine, diluite al 15% - 20%, formano una pellicola superficiale reversibile, che aiuta i reperti a mantenere la posizione di rinvenimento durante tutte le fasi del prelievo.

reperti un foglio di alluminio spesso e si chiude la casseratura con altre assi di legno, lasciando uno spazio per colare dentro la schiuma poliuretanica, che però non può essere utilizzata in condizioni climatiche molto calde o a temperature inferiori ai 13° C. Il taglio alla base può avvenire con lance o tondini di ferro inseriti a distanze regolari, legati insieme e fatti poi ruotare su loro stessi. Se la sepoltura è molto piccola (es. infantile) può essere utilizzato un filo d'acciaio legato a due maniglie o un seghetto. Il blocco prelevato va poi depositato su un supporto rigido come legno o polistirene espanso. Un'altra tecnica, utilizzata sempre dall'équipe del laboratorio di restauro della Soprintendenza di Aosta, è quella di stendere sulle ossa uno strato di Paraloid al 15%, uno di distaccante per silicone[125] e uno di silicone e garza spesso circa 3 cm. Sopra il silicone si applica poi la vetroresina, con in mezzo un interstrato di alluminio, rinforzata da supporti di legno che servono a rovesciare il blocco e a trasportarlo (fig. 39), dopo aver eseguito il taglio dal terreno[126]. Queste due metodologie di prelievo sono più complesse e costose della camicia di gesso e richiedono preparazione specifica e conoscenza dei materiali.

In alcuni siti preistorici, particolarmente nei depositi in grotta, i reperti vengono ritrovati completamente inglobati in concrezioni calcaree e occorre usare dell'acido per ammorbidire la matrice e rendere possibile lo stacco. Di solito si utilizza acido acetico al 15% applicato localmente con un contagocce o con un pennello in nylon[127].

Uno scheletro in buono stato di conservazione dopo il prelievo può essere trasportato in laboratorio in scatole rigide, preferibilmente in polipropilene[128], riempite di materiale urtoassorbente e vibroassorbente come ad esempio: 'tessuto non tessuto', tessuto privo di sostanze acide, e polietilene espanso. E' sconsigliata la carta di giornale perché fortemente acida, mentre le buste di polietilene possono essere temporaneamente utilizzate per la raccolta e il trasporto, ma devono essere forate perché, impedendo l'evaporazione dell'acqua (presente in minima parte anche in reperti completamente asciutti), favoriscono lo sviluppo di muffe, funghi e batteri. I reperti vanno imballati insieme per sepoltura, per individuo e per distretto scheletrico, depositando le ossa più pesanti sul fondo del contenitore e ponendo particolare attenzione al cranio. Le ossa di ciascuna mano e di ciascun piede e le coste di ciascun lato vanno separate, per facilitare la successiva identificazione di lateralità[129].

Fig. 39. Supporto in vetroresina per prelievo in blocco.

---

[125] Un foglio di alluminio può sostituire il Paraloid al 15% ed il distaccante per silicone che servono a proteggere i reperti. L'alluminio è più facile da usare ma aderisce meno alla superficie.
[126] Pedelì com. pers.
[127] Scasc 1990, p. 51.
[128] L'uso di casse di legno è sconsigliato a causa della possibile emissione di sostanze acide che intaccherebbero la matrice inorganica dell'osso. Shelton - Johnson 1995, pp. 66 - 67.
[129] Pacciani 1993, p. 43.

Conclusioni

La conservazione preventiva sullo scavo rappresenta una parte importante ma limitata di un campo professionale ampio e multidisciplinare, che non riguarda soltanto il settore archeologico ma il patrimonio culturale nella sua accezione più ampia. Questa disciplina è nata e si sta formando con lo scopo di preservare quanto ci proviene dal passato, sia in termini cosiddetti di prontosoccorso ovvero interventi urgenti di stabilizzazione di un bene culturale altamente degradato, sia in termini di prevenzione ovvero analisi delle possibili cause di degrado di un bene prima che questo si manifesti. La situazione storica e politica, le risorse umane e materiali, le condizioni economiche e sociali della zona di origine del bene culturale sono parametri fondamentali per formulare adeguati piani teorici e di applicazione di questa disciplina.

In campo strettamente archeologico, la conservazione preventiva ha la funzione di congelare lo stato di rinvenimento dei reperti fino all'intervento del restauro e di studiare i contesti ambientali (clima, temperatura, chimismo del terreno, ecc.) e archeologici (dati provenienti da ricognizioni o scavi nella zona), per valutare le principali problematiche che potrebbero insorgere durante uno scavo e programmare le risorse e gli interventi. Questo compito richiede una conoscenza di alcuni principi fondamentali del restauro, ma anche una piena consapevolezza degli obiettivi della ricerca archeologica cui si sta lavorando e, sulla base di questi, saper valutare le priorità nello studio dei materiali e di conseguenza nei trattamenti. Fondamentale in questo processo decisionale è il dialogo tra il restauratore e l'archeologo, momento non sempre facile che vede prevalere alternativamente le esigenze di una disciplina o dell'altra[130].

Un archeologo, iniziato ai principi della conservazione preventiva, può essere considerato come una figura professionale intermedia in grado di muoversi con disinvoltura sia all'interno del mondo archeologico che in quello del restauro, facendo da mediatore per uno scambio interattivo e costruttivo. N. Meyer individua nella figura dell'archeologo-conservatore un responsabile dei materiali, impiegato a tempo pieno a verificare gli imballaggi, lo stato di conservazione dei reperti, la documentazione di magazzino e a stabilire con il direttore degli scavi le priorità nei trattamenti di restauro[131]. Un archeologo esperto in conservazione non dovrebbe limitarsi soltanto a ricoprire una funzione di responsabile dei materiali, questa potrebbe rappresentare uno degli aspetti di una professione che deve poter svolgere un ruolo attivo anche sullo scavo, dove è fondamentale la percezione delle trasformazioni che l'ambiente e il tempo operano sulla materia.

Le ricerche archeologiche lunghe e programmate, come alcune missioni universitarie, prevedono a volte la presenza nell'équipe di un restauratore professionista, ma, con le crescenti modifiche degli assetti urbani, gli scavi d'emergenza sono sempre più frequenti di quelli sistematici e, salvo qualche eccezione, non è previsto in genere l'intervento di un restauratore sul cantiere. In questi casi la presenza di archeologi esperti di conservazione può essere determinante per il recupero e il trasporto in sicurezza del materiale archeologico. La Soprintendenza di Aosta ha effettuato, per chi opera nel suo territorio, corsi di specializzazione in conservazione preventiva.

In uno scavo programmato, che prevede un laboratorio di restauro sul campo, la presenza di un archeologo esperto in conservazione non si andrebbe a sovrapporre alla figura del restauratore, anzi potrebbe agevolare il lavoro di quest'ultimo, in quanto in grado di diagnosticare subito lo stato di rinvenimento dei reperti ed effettuare, ove necessario, piccoli prelievi in blocco, consolidamenti, bendaggi e qualunque altra operazione di primo intervento che preservi il materiale archeologico da ulteriori danneggiamenti.

Portando l'iniziazione ai principi della conservazione, alle leggi fisiche, chimiche e biologiche che regolano il funzionamento della struttura materia, ad un livello più

---

[130] La capacità di dialogo e comprensione tra archeologi e restauratori è un tema non nuovo nella letteratura, già nel 1987 J.A.Tuck e J.A. Logan scrissero un articolo a riguardo. Tuck - Logan 1987, pp. 56 - 63.
[131] Meyer 1990, p. 414. Nel 1983, in Francia, durante gli scavi urbani di S. Denis, fu creata per la prima volta la figura del responsabile dei materiali sullo scavo, a causa dell'elevato numero di reperti venuti alla luce.

speculativo e meno pragmatico, questo specialista potrebbe contribuire alla ricerca studiando i processi di formazione del deposito archeologico e la distorsione che l'informazione può subire a causa dei processi naturali che conservano, alterano o distruggono le testimonianze. La deposizione di un contesto culturale non è necessariamente un processo culturale[132]. Anche in situazioni di cosiddetti "contesti sigillati" si evidenzia sempre un'interazione tra elementi culturali e processi naturali postdeposizionali. Processi che M.B. Shiffer definisce trasformazioni-N[133] e che costituiscono una delle barriere, dei filtri attraverso i quali passa la documentazione archeologica e la sua interpretazione.

"Durante il processo di formazione e disintegrazione della cultura materiale, ogni elemento di informazione deve intraprendere un viaggio attraverso una serie di stadi, attraverso una serie di chiuse o filtri. Ogni volta l'informazione viene leggermente alterata e una parte di essa può perdersi o distorcersi. Per scoprire il significato e il valore di un fatto archeologico, l'archeologo deve svelare tutti gli stadi della sua formazione fino alla fonte e, allo stesso tempo, deve stabilire come e in qual modo questo fatto è stato trasformato da filtri particolari."[134]

Lo studio delle trasformazioni subite nel tempo da un contesto archeologico può, quindi, contribuire in modo sostanziale ad ampliare i percorsi cognitivi che ogni studioso intraprende nell'identificazione e nella definizione di un sistema culturale appartenente al nostro passato.

---

[132] Binford 1982, p. 17.
[133] Schiffer 1976; 1987.
[134] Malina - Vašíček 1997, p. 122.

Appendice 1

UNESCO: Recommendation on International Principles Applicable to Archaeological Excavations, General Conference -Ninth Session, New Delhi 1956

Preamble

The General Conference of the United Nations Educational, Scientific and Cultural Organization, meeting at New Delhi, from 5 November to 5 December 1956, at its ninth session,

Being of the opinion that the surest guarantee for the preservation of monuments and works of the past rests in the respect and affection felt for them by the peoples themselves, and persuaded that such feelings may be greatly strengthened by adequate measures inspired by the wish of Member States to develop science and international relations,

Convinced that the feelings aroused by the contemplation and study of works of the past do much to foster mutual understanding between nations, and that it is therefore highly desirable to secure international co-operation with regard to them and to further, in every possible way, the fulfilment of their social mission,

Considering that, while individual States are more directly concerned with the archaeological discoveries made on their territory, the international community as a whole is nevertheless the richer for such discoveries,

Considering that the history of man implies the knowledge of all different civilizations; and that it is therefore necessary, in the general interest, that all archaeological remains be studied and, where possible, preserved and taken into safe keeping,

Convinced that it is highly desirable that the national authorities responsible for the protection of the archaeological heritage should be guided by certain common principles which have been tested by experience and put into practice by national archaeological services,

Being of the opinion that, though the regulation of excavations is first and foremost for the domestic jurisdiction of each State, this principle should be brought into harmony with that of a liberally understood and freely accepted international co-operation,

Having before it proposals concerning international principles applicable to archaeological excavations, which constitute item 9.4.3 on the agenda of the session,

Having decided at its eighth session, that these proposals should be regulated at the international level by way of a recommendation to Member States, Adopts, this fifth day of December 1956, the following Recommendation:

The General Conference recommends that Member States should apply the following provisions by taking whatever legislative or other steps may be required to give effect, within their respective territories, to the principles and norms formulated in the present Recommendation.

The General Conference recommends that Member States should bring the present Recommendation to the knowledge of authorities and organizations concerned with archaeological excavations and museums.

The General Conference recommends that Member States should report to it, on dates and in a manner to be determined by it, on the action which they have taken to give effect to the present Recommendation

I. Definitions

Archaeological excavations

1. For the purpose of the present Recommendation, by archaeological excavations is meant any research aimed at the discovery of objects of archaeological character, whether such research involves digging of the ground or systematic exploration of its surface or is carried out on the bed or in the sub-soil of inland or territorial waters of a Member State.

Property protected

2. The provisions of the present Recommendation apply to any remains, whose preservation is in the public interest from the point of view of history or art and architecture, each Member State being free to adopt the most appropriate criterion for assessing the public interest of objects found on its territory. In particular, the provisions of the present Recommendation should apply to any monuments and movable or immovable objects of archaeological interest considered in the widest sense.

3. The criterion adopted for assessing the public interest of archaeological remains might vary according to whether it is a question of the preservation of such property, or of the excavator's or finder's obligation to declare his discoveries.

(a) In the former case, the criterion based on preserving all objects originating before a certain date should be abandoned, and replaced by one whereby protection is extended to all objects belonging to a given period or of a minimum age fixed by law.

(b) In the latter case, each Member State should adopt far wider criteria, compelling the excavator or finder to declare any object, of archaeological character, whether movable or immovable, which he may discover.

II. General principles

Protection of the archaeological heritage

4. Each Member State should ensure the protection of its archaeological heritage, taking fully into account problems arising in connexion with excavations, and in conformity with the provisions of the present Recommendation.

5. Each Member State should in particular:

(a) Make archaeological explorations and excavations subject to prior authorization by the competent authority;

(b) Oblige any person finding archaeological remains to declare them at the earliest possible date to the competent authority;

(c) Impose penalties for the infringement of these regulations;

(d) Make undeclared objects subject to confiscation;

(e) Define the legal status of the archaeological sub-soil and, where State ownership of the said sub-soil is recognized, specifically mention the fact in its legislation;

(f) Consider classifying as historical monuments the essential elements of its archaeological heritage.

Protecting body: archaeological excavations

6. Although differences of tradition and unequal financial resources make it impossible for all Member States to adopt a uniform system of organization in the administrative services responsible for excavations, certain common principles should nevertheless apply to all national archaeological services:

(a) The archaeological service should, so far as possible, be a central State administration or at any rate an organization provided by law with the necessary means for carrying out any emergency measures that may be required. In addition to the general administration of archaeological work, this service should co-operate with research institutes and universities in the technical training of excavators. This body should also set up a central documentation, including maps, of its movable and immovable monuments and additional documentation for every important museum or ceramic or iconographic collection, etc.

(b) Steps should be taken to ensure in particular the regular provision of funds: (I) to administer the services in a satisfactory manner; (II) to carry out a programme of work proportionate to the archaeological resources of the country, including scientific publications; (III) to exercise control over accidental discoveries; (IV) to provide for the upkeep of excavation sites and monuments.

7. Careful supervision should be exercised by each Member State over the restoration of archaeological remains and objects discovered.

8. Prior approval should be obtained from the competent authority for the removal of any monuments which ought to be preserved in situ.

9. Each Member State should consider maintaining untouched, partially or totally, a certain number of archaeological sites of different periods in order that their excavation may benefit from improved techniques and more advanced archaeological knowledge. On each of the larger sites now being excavated, in so far as the nature of the land permits, well defined 'witness' areas might be left unexcavated in several places in order to allow for eventual verification of the stratigraphy and archaeological composition of the site.

Formation of central and regional collections

10. Inasmuch as archaeology is a comparative science, account should be taken, in the setting up and organizing of museums and reserve collections, of the need for facilitating the work of comparison as much as possible. For this purpose, central and regional collections might be formed or, in exceptional cases, local collections on particularly important archaeological sites in preference to small scattered collections, accessible to comparatively few people. These establishments should command, on a permanent basis, the administrative facilities and scientific staff necessary to ensure the preservation of the exhibits.

11. On important archaeological sites, a small exhibit of an educational nature - possibly a museum - should be set up to convey to visitors the interest of the archaeological remains.

Education of the public

12. The competent authority should initiate educational measures in order to arouse and develop respect and affection for the remains of the past by the teaching of history, the

participation of students in certain excavations, the publication in the press of archaeological information supplied by recognized specialists, the organization of guided tours, exhibitions and lectures dealing with methods of excavation and results achieved, the clear display of archaeological sites explored and monuments discovered, and the publication of cheap and simply written monographs and guides. In order to encourage the public to visit these sites, Member States should make all necessary arrangements to facilitate access to them.

III. Regulations governing excavations and international collaboration

Authority to excavate granted to foreigners

13. Each Member State on whose territory excavations are to take place should lay down general rules governing the granting of excavation concessions, the conditions to be observed by the excavator, in particular as concerns the supervision exercised by the national authorities, the period of the concession, the reasons which may justify its withdrawal, the suspension of work, or its transfer from the authorized excavator to the national archaeological service.

14. The conditions imposed upon a foreign excavator should be those applicable to nationals. Consequently, the deed of concession should omit special stipulations which are not imperative.

International collaboration

15. In the higher interest of archaeology and of international collaboration, Member States should encourage excavations by a liberal policy. They might allow qualified individuals or learned bodies, irrespective of nationality, to apply on an equal footing for the concession to excavate. Member States should encourage excavations carried out by joint missions of scientists from their own country and of archaeologists representing foreign institutions, or by international missions.

Archaeological excavations

16. When a concession is granted to a foreign mission, the representative of the conceding State - if such be appointed - should, as far as possible, also be an archaeologist capable of helping the mission and collaborating with it.

17. Member States which lack the necessary resources for the organization of archaeological excavations in foreign countries should be accorded facilities for sending archaeologists to sites being worked by other Member States, with the consent of the director of excavations.

18. A Member State whose technical or other resources are insufficient for the scientific carrying out of an excavation should be able to call on the participation of foreign experts or on a foreign mission to undertake it.

Reciprocal guarantees

19. Authority to carry out excavations should be granted only to institutions represented by qualified archaeologists or to persons offering such unimpeachable scientific, moral and financial guarantees as to ensure that any excavations will be completed in accordance with the terms of the deed of concession and within the period laid down.

20. On the other hand, when authority to carry out excavations is granted to foreign archaeologists, it should guarantee them a period of work long enough, and conditions of security sufficient to facilitate their task and protect them from unjustified

cancellation of the concession in the event, for instance, of their being obliged, for reasons recognized as valid, to interrupt their work for a given period of time.

Preservation of archaeological remains

21. The deed of concession should define the obligations of the excavator during and on completion of his work. The deed should, in particular, provide for guarding, maintenance and restoration of the site together with the conservation, during and on completion of his work, of objects and monuments uncovered. The deed should moreover indicate what help if any the excavator might expect from the conceding State in the discharge of his obligations should these prove too onerous.

Access to excavation sites

22. Qualified experts of any nationality should be allowed to visit a site before a report of the work is published and with the consent of the director of excavations, even during the work. This privilege should in no case jeopardize the excavator's scientific rights in his finds.

Assignment of finds

23. (a) Each Member State should clearly define the principles which hold good on its territory in regard to the disposal of finds from excavations.

(b) Finds should be used, in the first place, for building up, in the museums of the country in which excavations are carried out, complete collections fully representative of that country's civilization, history, art and architecture.

(c) With the main object of promoting archaeological studies through the distribution of original material, the conceding authority, after scientific publication, might consider allocating to the approved excavator a number of finds from his excavation, consisting of duplicates or, in a more general sense, of objects or groups of objects which can be released in view of their similarity to other objects from the same excavation. The return to the excavator of objects resulting from excavations should always be subject to the condition that they be allocated within a specified period of time to scientific centres open to the public, with the proviso that if these conditions are not put into effect, or cease to be carried out, the released objects will be returned to the conceding authority.

(d) Temporary export of finds, excluding objects which are exceptionally fragile or of national importance, should be authorized on requests emanating from a scientific institution of public or private character if the study of these finds in the conceding State is not possible because of lack of bibliographical or scientific facilities, or is impeded by difficulties of access.

(e) Each Member State should consider ceding to, exchanging with, or depositing in foreign museums objects which are not required in the national collections.

Scientific rights; rights and obligations of the excavator

24. (a) The conceding State should guarantee to the excavator scientific rights in his finds for a reasonable period.

(b) The conceding State should require the excavator to publish the results of his work within the period stipulated in the deed, or, failing such stipulations, within a reasonable period. This period should not exceed two years for the preliminary report. For a period of five years following the discovery, the competent archaeological authorities should undertake not to release the complete collection of finds, nor the relative scientific documentation, for detailed study, without the written authority of the excavator.

Subject to the same conditions, these authorities should also prevent photographic or other reproduction of archaeological material still unpublished. In order to allow, should it be so desired, for simultaneous publication of the preliminary report in both countries, the excavator should, on demand, submit a copy of his text to these authorities.

(c) Scientific publications dealing with archaeological research and issued in a language which is not widely used should include a summary and, if possible, a list of contents and captions of illustrations translated into some more widely known language.

Documentation on excavations

25. Subject to the provisions set out in paragraph 24, the national archaeological services should, as far as possible, make their documentation and reserve collections of archaeological material readily available for inspection and study to excavators and qualified experts, especially those who have been granted a concession for a particular site or who wish to obtain one.

Regional meetings and scientific discussions

26. In order to facilitate the study of problems of common interest, Member States might, from time to time, convene regional meetings attended by representatives of the archaeological services of interested States. Similarly, each Member State might encourage excavators working on its soil to meet for scientific discussions.

IV. Trade in antiquities

27. In the higher interests of the common archaeological heritage, each Member State should consider the adoption of regulations to govern the trade in antiquities so as to ensure that this trade does not encourage smuggling of archaeological material or affect adversely the protection of sites and the collecting of material for public exhibit.

28. Foreign museums should, in order to fulfil their scientific and educational aims, be able to acquire objects which have been released from any restrictions due to the laws in force in the country of origin.

V. Repression of clandestine excavations and of the illicit export of archaeological finds

Protection of archaeological sites against clandestine excavations and damage

29. Each Member State should take all necessary measures to prevent clandestine excavations and damage to monuments defined in paragraphs 2 and 3 above, and also to prevent the export of objects thus obtained.

International co-operation in repressive measures

30. All necessary measures should be taken in order that museums to which archaeological objects are offered ascertain that there is no reason to believe that these objects have been procured by clandestine excavation, theft or any other method regarded as illicit by the competent authorities of the country of origin. Any suspicious offer and all details appertaining thereto should be brought to the attention of the services concerned. When archaeological objects have been acquired by museums, adequate details allowing them to be identified and indicating the manner of their acquisition should be published as soon as possible.

Return of objects to their country of origin

31. Excavation services and museums should lend one another assistance in order to ensure or facilitate the recovery of objects derived from clandestine excavations or theft, and of all objects exported in infringement of the legislation of the country of origin. It is desirable that each Member State should take the necessary measures to ensure this recovery. These principles should be applied in the event of temporary exports as mentioned in paragraph 23(c), (d) and (e) above, if the objects are not returned within the stipulated period.

VI. Excavations in occupied territory

32. In the event of armed conflict, any Member State occupying the territory of another State should refrain from carrying out archaeological excavations in the occupied territory. In the event of chance finds being made, particularly during military works, the occupying Power should take all possible measures to protect these finds, which should be handed over, on the termination of hostilities, to the competent authorities of the territory previously occupied, together with all documentation relating thereto.

VII. Bilateral agreements

33. Member States should, whenever necessary or desirable, conclude bilateral agreements to deal with matters of common interest arising out of the application of the present Recommendation.

The foregoing is the authentic text of the Recommendation duly adopted by the General Conference of the United Nations Educational, Scientific and Cultural Organization during its Ninth Session, which was held at New Delhi and declared closed the fifth day of December 1956.

IN FAITH WHEREOF we have appended our signatures this fifth day of December 1956.

The President of the General Conference

The Director-General

Appendice 2

International Charter for the Conservation and the Restoration of Monuments and Sites (Venice Charter), Venice 1964

[Preamble]

Imbued with a message from the past, the historic monuments of generations of people remain to the present day as living witnesses of their age-old traditions. People are becoming more and more conscious of the unity of human values and regard ancient monuments as a common heritage. The common responsibility to safeguard them for future generations is recognized. It is our duty to hand them on in the full richness of their authenticity.

It is essential that the principles guiding the preservation and restoration of ancient buildings should be agreed and be laid down on an international basis, with each country being responsible for applying the plan within the framework of its own culture and traditions.

By defining these basic principles for the first time, the Athens Charter of 1931 contributed towards the development of an extensive international movement which has assumed concrete form in national documents, in the work of ICOM and UNESCO and in the establishment by the latter of the International Centre for the Study of the Preservation and the Restoration of Cultural Property. Increasing awareness and critical study have been brought to bear on problems which have continually become more complex and varied; now the time has come to examine the Charter afresh in order to make a thorough study of the principles involved and to enlarge its scope in a new document.

Accordingly, the IInd International Congress of Architects and Technicians of Historic Monuments, which met in Venice from May 25th to 31st 1964, approved the following text:

DEFINITIONS

ARTICLE 1. The concept of an historic monument embraces not only the single architectural work but also the urban or rural setting in which is found the evidence of a particular civilization, a significant development or an historic event. This applies not only to great works of art but also to more modest works of the past which have acquired cultural significance with the passing of time.

ARTICLE 2. The conservation and restoration of monuments must have recourse to all the sciences and techniques which can contribute to the study and safeguarding of the architectural heritage.

AIM

ARTICLE 3. The intention in conserving and restoring monuments is to safeguard them no less as works of art than as historical evidence.

CONSERVATION

ARTICLE 4. It is essential to the conservation of monuments that they be maintained on a permanent basis.

ARTICLE 5. The conservation of monuments is always facilitated by making use of them for some socially useful purpose. Such use is therefore desirable but it must not change the lay-out or decoration of the building. It is within these limits only that modifications demanded by a change of function should be envisaged and may be permitted.

ARTICLE 6. The conservation of a monument implies preserving a setting which is not out of scale. Wherever the traditional setting exists, it must be kept. No new construction, demolition or modification which would alter the relations of mass and colour must be allowed.

ARTICLE 7. A monument is inseparable from the history to which it bears witness and from the setting in which it occurs. The moving of all or part of a monument cannot be allowed except where the safeguarding of that monument demands it or where it is justified by national or international interest of paramount importance.

ARTICLE 8. Items of sculpture, painting or decoration which form an integral part of a monument may only be removed from it if this is the sole means of ensuring their preservation.

RESTORATION

ARTICLE 9. The process of restoration is a highly specialized operation. Its aim is to preserve and reveal the aesthetic and historic value of the monument and is based on respect for original material and authentic documents. It must stop at the point where conjecture begins, and in this case moreover any extra work which is indispensable must be distinct from the architectural composition and must bear a contemporary stamp. The restoration in any case must be preceded and followed by an archaeological and historical study of the monument.

ARTICLE 10. Where traditional techniques prove inadequate, the consolidation of a monument can be achieved by the use of any modem technique for conservation and construction, the efficacy of which has been shown by scientific data and proved by experience.

ARTICLE 11. The valid contributions of all periods to the building of a monument must be respected, since unity of style is not the aim of a restoration. When a building includes the superimposed work of different periods, the revealing of the underlying state can only be justified in exceptional circumstances and when what is removed is of little interest and the material which is brought to light is of great historical, archaeological or aesthetic value, and its state of preservation good enough to justify the action. Evaluation of the importance of the elements involved and the decision as to what may be destroyed cannot rest solely on the individual in charge of the work.

ARTICLE 12. Replacements of missing parts must integrate harmoniously with the whole, but at the same time must be distinguishable from the original so that restoration does not falsify the artistic or historic evidence.

ARTICLE 13. Additions cannot be allowed except in so far as they do not detract from the interesting parts of the building, its traditional setting, the balance of its composition and its relation with its surroundings.

HISTORIC SITES

ARTICLE 14. The sites of monuments must be the object of special care in order to safeguard their integrity and ensure that they are cleared and presented in a seemly manner. The work of conservation and restoration carried out in such places should be inspired by the principles set forth in the foregoing articles.

EXCAVATIONS

ARTICLE 15. Excavations should be carried out in accordance with scientific standards and the recommendation defining international principles to be applied in the case of archaeological excavation adopted by UNESCO in 1956.

Ruins must be maintained and measures necessary for the permanent conservation and protection of architectural features and of objects discovered must be taken. Furthermore, every means must be taken to facilitate the understanding of the monument and to reveal it without ever distorting its meaning.

All reconstruction work should however be ruled out "a priori." Only anastylosis, that is to say, the reassembling of existing but dismembered parts can be permitted. The material used for integration should always be recognizable and its use should be the least that will ensure the conservation of a monument and the reinstatement of its form.

PUBLICATION

ARTICLE 16. In all works of preservation, restoration or excavation, there should always be precise documentation in the form of analytical and critical reports, illustrated with drawings and photographs. Every stage of the work of clearing, consolidation, rearrangement and integration, as well as technical and formal features identified during the course of the work, should be included. This record should be placed in the archives of a public institution and made available to research workers. It is recommended that the report should be published.

Appendice 3

UNESCO: Recommendation for the Protection of Movable Cultural Property, General Conference -Twentieth Session, Paris 1978

Preamble

The General Conference of the United Nations Educational, Scientific and Cultural Organization, meeting in Paris from 24 October to 28 November 1978, at its twentieth session,

Noting the great interest in cultural property now finding expression throughout the world in the creation of numerous museums and similar institutions, the growing number of exhibitions, the constantly increasing flow of visitors to collections, monuments and archaeological sites, and the intensification of cultural exchanges,

Considering that this is a very positive development which should be encouraged, in particular by applying the measures advocated in the Recommendation concerning the International Exchange of Cultural Property adopted by the General Conference at its nineteenth session in 1976,

Considering that the growing desire of the public to know and appreciate the wealth of the cultural heritage, of whatever origin, has nevertheless led to an increase in all the dangers to which cultural property is exposed as a result of particularly easy access or inadequate protection, the risks inherent in transport, and the recrudescence, in some countries, of clandestine excavation, thefts, illicit traffic and acts of vandalism,

Noting that because of this aggravation of the risks, but also as a consequence of the increase in the market value of cultural items, the cost of comprehensive insurance in countries where there is no adequate system of governmental guarantees is beyond the means of most museums and is a definite impediment to the organization of international exhibitions and other exchanges between different countries,

Considering that movable cultural property representing the different cultures forms part of the common heritage of mankind and that every State is therefore morally responsible to the international community as a whole for its safeguarding,

Considering that States should accordingly intensify and give general effect to such measures for the prevention and management of risks as will ensure the effective protection of movable cultural property and, at the same time, reduce the cost of covering the risks incurred,

Wishing to supplement and extend the scope of the norms and principles laid down in this respect by the General Conference, in particular in the Convention for the Protection of Cultural Property in the Event of Armed Conflict (1954), the Recommendation on International Principles Applicable to Archaeological Excavation (1956), the Recommendation on The Most Effective Means of Rendering Museums Accessible to Everyone (1960), the Recommendation on the Means of Prohibiting and Preventing the Illicit Import, Export and Transfer of Ownership of Cultural Property (1964), the Convention on the Means of Prohibiting and Preventing the Illicit Import, Export and Transfer of Ownership of Cultural Property (1970), the Recommendation concerning the Protection, at National Level, of the Cultural and Natural Heritage (1972), the Convention concerning the Protection of the World Cultural and Natural Heritage (1972) and the Recommendation concerning the International Exchange of Cultural Property (1976).

Having before it proposals concerning the protection of movable cultural property,

Having decided, at its nineteenth session, that this question should take the form of a recommendation to Member States,

Adopts this twenty-eighth day of November 1978, the present Recommendation.

The General Conference recommends that Member States apply the following provisions by taking whatever legislative or other steps may be required, in conformity with the constitutional system or practice of each State, to give effect within their respective territories to the principles and norms formulated in this Recommendation.

The General Conference recommends that Member States bring this Recommendation to the attention of the appropriate authorities and bodies.

The General Conference recommends that Member States submit to it, by dates and in the form to be decided upon by the Conference, reports concerning the action taken by them in pursuance of this Recommendation.

I. Definitions

1. For the purposes of this Recommendation:

(a) 'movable cultural property' shall be taken to mean all movable objects which are the expression and testimony of human creation or of the evolution of nature and which are of archaeological, historical, artistic, scientific or technical value and interest, including items in the following categories:

(i) products of archaeological exploration and excavations conducted on land and under water; (ii) antiquities such as tools, pottery, inscriptions, coins, seals, jewellery, weapons and funerary remains, including mummies; (iii) items resulting from the dismemberment of historical monuments; (iv) material of anthropological and ethnological interest; (v) items relating to history, including the history of science and technology and military and social history, to the life of peoples and national leaders; thinkers, scientists and artists and to events of national importance; (vi) items of artistic interest, such as: paintings and drawings, produced entirely by hand on any support and in any material (excluding industrial designs and manufactured articles decorated by hand); original prints, and posters and photographs, as the media for original creativity; original artistic assemblages and montages in any material; works of statuary art and sculpture in any material; works of applied art in such materials as glass, ceramics, metal, wood, etc.; (vii) manuscripts and incunabula, codices, books, documents or publications of special interest; (viii) items of numismatic (medals and coins) and philatelic interest; (ix) archives, including textual records, maps and other cartographic materials, photographs, cinematographic films, sound recordings and machine-readable records; (x) items of furniture, tapestries, carpets, dress and musical instruments; (xi) zoological, botanical and geological specimens;

(b) 'protection' shall be taken to mean the prevention and coverage of risks as defined below:

(i) 'prevention of risks' means all the measures required, within a comprehensive protection system, to safeguard movable cultural property from every risk to which such property may be exposed, including those resulting from armed conflict, riots or other public disorders; (ii) 'risk coverage' means the guarantee of indemnification in the case of damage to, deterioration, alteration or loss of movable cultural property resulting from any risk whatsoever, including risks incurred as a result of armed conflict, riots or other public disorders whether such coverage is effected through a system of governmental guarantees and indemnities, through the partial assumption of the risks by the State under a deductible or excess loss arrangement, through commercial or national insurance or through mutual insurance arrangements.

2. Each Member State should adopt whatever criteria it deems most suitable for defining the items of movable cultural property within its territory which should be given the protection envisaged in this Recommendation by reason of their archaeological, historical, artistic, scientific or technical value.

II. General principles

3. The movable cultural property thus defined includes objects belonging either to the State or public bodies or to private bodies or individuals. Since all this property constitutes an important element of the cultural heritage of the nations concerned, the prevention and coverage of the various risks, such as damage, deterioration and loss, should be considered as a whole, even though the solutions adopted may vary from case to case.

4. The growing perils which threaten the movable cultural heritage should incite all those responsible for protecting it, in whatever capacity, to play their part: staff of national and local administrations in charge of safeguarding cultural property, administrators and curators of museums and similar institutions, private owners and those responsible for religious buildings, art and antique dealers, security experts, services responsible for the suppression of crime, customs officials and the other public authorities involved.

5. The co-operation of the public is essential for truly effective protection. The public and private bodies responsible for information and teaching should strive to instil general awareness of the importance of cultural property, the dangers to which it is exposed, and the need to safeguard it.

6. Cultural property is liable to deterioration as a result of poor conditions of storage, exhibition, transport and environment (unfavourable lighting, temperature or humidity, atmospheric pollution), which in the long run may have more serious effects than accidental damage or occasional vandalism. Suitable environmental conditions should consequently be maintained in order to ensure the material security of cultural property. The responsible specialists should include in the inventories data on the physical state of the objects and recommendations concerning the requisite environmental conditions.

7. The prevention of risks also calls for the development of conservation techniques and restoration workshops and the installation of effective protection systems in museums and other institutions possessing collections of movable cultural property. Each Member State should endeavour to ensure that the most suitable measures are taken in accordance with local circumstances.

8. Offences concerning works of art and other cultural property are increasing in some countries, most frequently being linked to fraudulent transfers across frontiers. Thefts and plunder are organized systematically and on a large scale. Acts of vandalism are also increasing. To combat these forms of criminal activity, be they of an organized nature or the action of individuals, strict control measures are necessary. Since fakes can be used for theft or the fraudulent transformation of authentic objects, measures must also be taken to prevent their circulation.

9. Protection and the prevention of risks are much more important than compensation in the event of damage or loss, since the essential purpose is to preserve the cultural heritage, not to replace by sums of money objects which are irreplaceable.

10. Because of the considerable increase in the risks resulting during transport and temporary exhibition, from environmental changes, inept handling, faulty packaging or other unfavourable conditions, adequate coverage against damage or loss is essential. The cost of risk coverage should be reduced through the rational management by museums and similar institutions of insurance contracts or by means of full or partial governmental guarantees.

III. Measures recommended

11. In accordance with the principles and norms set out above Member States should take all necessary steps, in conformity with their legislation and constitutional system. to protect movable cultural property effectively and, in the case of transport in particular, should ensure the application of the necessary measures of care and conservation and the coverage of the risks incurred.

Measures for the prevention of risks

Museums and other similar institutions
12. Member States should take all necessary steps to ensure adequate protection for cultural property in museums and similar institutions. In particular, they should:

(a) encourage the systematic inventorying and cataloguing of cultural property, with the fullest possible details and in accordance with methods specially developed for the purpose (standardized fiches, photographs -- and also, if possible, colour photographs -- and, as appropriate, microfilms). Such an inventory is useful when it is desired to determine damage or deterioration to cultural property. With such documentation the necessary information can be given, with all due precautions, to the national and international authorities responsible for combating thefts, illicit trading and the circulation of fakes;

(b) encourage, as appropriate, the standardized identification of movable cultural property using unobtrusive means offered by contemporary technology;

(c) urge the museums and similar institutions to reinforce the prevention of risks by a comprehensive system of practical security measures and technical installations and to ensure that all cultural property is kept, exhibited and transported in such a way as to protect it from all elements likely to damage or destroy it, including in particular heat, light, humidity, pollution, the various chemical and biological agents, vibration and shock;

(d) provide the museums and similar institutions for which they are responsible with the necessary funds for implementing the measures set out in subparagraph (c) above;

(e) take the necessary steps to ensure that all the tasks associated with the conservation of movable cultural property are carried out in accordance with the traditional techniques best suited to the particular cultural property and the most advanced scientific methods and technology; for this purpose, a suitable system for training and the vetting of professional qualifications should be established, in order to ensure that all those involved possess the required level of competence. The facilities for this should be strengthened or, if necessary, established. If appropriate, for the sake of economy, the establishment of regional conservation and restoration centres is recommended;

(f) provide suitable training for supporting staff (including security staff) and draw up guidelines for such staff, laying down standards for the performance of their duties;

(g) encourage regular training for protection, conservation and security staff; (h) ensure that the staff of museums and similar institutions also receive the necessary training to enable them, in the event of disasters, to co-operate effectively in the rescue operations carried out by the competent public services; (i) encourage the publication and dissemination to those responsible, if necessary in confidential form, of the latest technical and scientific information on all aspects of the protection, conservation and security of movable cultural property; (j) issue performance standards for all security equipment for museums and public and private collections and encourage their application.

13. No effort should be spared to avoid giving in to ransom demands, so as to discourage the theft of illegal appropriation of movable cultural property carried out for that purpose. The persons or institutions concerned should consider ways and means of making this policy known.

Private collections
14. Member States should also, in conformity with their legislation and constitutional system, facilitate the protection of collections belonging to private bodies or individuals by:

(a) inviting the owners to make inventories of their collections, to communicate the inventories to the official services responsible for the protection of the cultural heritage and, if the situation requires, to grant access to the competent official curators and technicians in order to study and advise on safeguarding measures;

(b) if appropriate, providing for incentives to the owners, such as assistance for the conservation of items listed in the inventories or appropriate fiscal measures;

(c) studying the possibility of granting fiscal benefits to those who donate or bequeath cultural property to museums or similar institutions;

(d) entrusting an official body (the department responsible for museums or the police) with the organization of an advisory service for private owners on security installations and other protective measures, including fire protection.

Movable cultural property situated in religious buildings and archaeological sites
15. To ensure that movable cultural property situated in religious buildings and archaeological sites is suitably preserved and protected against theft and plunder, Member States should encourage the construction of installations for storing it and the application of special security measures. Such measures should be in proportion to the value of the property and the extent of the risks to which it is exposed. If appropriate, governments should provide technical and financial assistance for this purpose. In view of the special significance of movable cultural property situated in religious buildings, Member States and the competent authorities should endeavour to provide for the proper protection and presentation of such property where it is located.

International exchanges
16. Since movable cultural property is particularly exposed, during transport and temporary exhibition, to risks of damage which can arise from inept handling, faulty packaging, poor conditions during temporary storage or climatic changes, as well as inadequate reception arrangements, special measures of protection are required. In the case of international exchanges Member States should:
(a) take the necessary measures to ensure that appropriate conditions of protection and care during transport and exhibition as well as adequate coverage of risks are specified and agreed on between the parties concerned. Governments through whose territory the cultural property will transit should provide assistance, if so requested;
(b) encourage the institutions concerned to:

(i) ensure that cultural property is transported, packed and handled in accordance with the highest standards. The measures to be taken to this effect could include the determination by experts of the most appropriate form of packaging, as well as the type and timing of transport; it is recommended that, where appropriate, the responsible curator of the lending museum accompany the property during transport and certify its conditions; the institutions responsible for the shipping and packing of the objects should attach a list describing their physical appearance, and the receiving institutions should check the objects against those lists;

(ii) take appropriate measures to prevent any direct or indirect damage which might arise from the temporary or permanent overcrowding of the exhibition premises;

(iii) agree, where necessary, on the methods to be used for measuring, recording and regulating the degree of humidity in order to maintain the relative humidity within definite limits, and on the measures to be taken to protect light-sensitive objects (exposure to daylight, type of lamp to be used, maximum level of illumination in lux, methods used to measure and control this level);

(c) simplify the administrative formalities relating to the lawful movement of cultural property and arrange for appropriate identification of crates and other forms of packaging containing cultural property;

(d) take steps to protect cultural property in transit or temporarily imported for the purpose of cultural exchanges, and in particular facilitate rapid customs clearance in suitable premises, which should be situated close to, and if possible on, the premises of the institution concerned, and ensure that clearance is effected with all the desirable precautions; and

(e) whenever necessary, give instructions to their diplomatic and consular representatives to enable them to take effective action to accelerate customs procedures and ensure the protection of cultural property during transport.

Education and information

17. To ensure that the population as a whole becomes aware of the value of cultural property and of the need to protect it, particularly with a view to the preservation of their cultural identity, Member States should encourage the competent authorities at national, regional or local level to:

(a) provide children, young people and adults with the means of acquiring knowledge and respect for movable cultural property using all available educational and information resources for that purpose;

(b) draw the attention of the public at large by every possible means to:

(i) the significance and importance of cultural property, but without stressing the purely commercial value of that property;

(ii) the opportunities available to them for participating in the activities undertaken by the competent authorities in order to protect such property.

Control measures

18. To combat thefts, illegal excavations, vandalism and the use of fakes, Member States should, where the situation demands, establish or strengthen services specifically responsible for the prevention and suppression of these offences.

19. Member States should, where the situation calls for it, take the necessary measures to:

(a) provide for sanctions or any appropriate measures, whether under the penal or civil code or administrative or other measures, in the case of the theft, pillage, receiving or illegal appropriation of movable cultural property, and of damage intentionally caused to such property; these sanctions or measures should take into account the gravity of the offence;

(b) ensure better co-ordination between all services and sectors working for the prevention of offences concerning movable cultural property and organize a system of rapid dissemination of information on such offences, including information on fakes, among official bodies and the various sectors concerned, such as museum curators and art and antique dealers;

(c) ensure proper conditions for the safeguarding of movable cultural property by taking steps to counter the neglect and abandon to which it is very often exposed and which is conducive to its deterioration.

20. Member States should also encourage private collectors and art and antique dealers to transmit all information concerning fakes to the official bodies mentioned in paragraph 19(b).

Measures to improve the financing of risk coverage

Governmental guarantees

21. Member States should:

(a) give special attention to the problem of covering adequately the risks to which movable cultural property is exposed during transport and temporary exhibitions;

(b) in particular, consider instituting in any legislative, statutory or other form, a system of governmental guarantees such as those which exist in certain countries, or a system of partial assumption of the risks by the State or any community concerned with a view to covering an insurance franchise deductible or an excess of loss;

(c) within the framework of such systems and in the forms mentioned above, provide for compensation to lenders in the event of damage to, or the deterioration, alteration or loss of cultural objects loaned for the purpose of exhibition in museums or similar institutions. The provisions instituting these systems should specify the conditions and procedures governing the payment of such compensation.

22. The provisions concerning governmental guarantees should not apply to cultural property which is the object of transactions for commercial purposes.

Measures at the level of museums and similar institutions
23. Member States should also urge museums and other similar institutions to apply the principles of risk management, comprising the determination, classification, assessment, control and financing of risks of all kinds.
24. The risk management programme of all institutions which have taken out insurance should include the internal drafting of a procedures manual, periodic surveys on types of risks and the probable maximum loss, analysis of contracts and rates, market studies and a competitive bidding procedure. A person or body should be specifically entrusted with risk management.

IV. International cooperation
25. Member States should:

(a) collaborate with intergovernmental and non-governmental organizations competent in regard to the prevention and coverage of risks;

(b) strengthen at international level co-operation between official bodies responsible for the suppression of thefts and illicit trading in cultural property and for the discovery of fakes, and, in particular, urge these bodies to circulate rapidly among themselves, through machinery provided for this purpose, all useful information on illegal activities;

(c) if necessary conclude international agreements for co-operation in regard to legal aid and the prevention of offences;

(d) take part in the organization of international training courses in the conservation and restoration of movable cultural property, and in risk management, and ensure that they are regularly attended by their specialized staff;

(e) establish, in collaboration with the specialized international organizations, ethical and technical standards in the fields covered by the present Recommendation and encourage the exchange of scientific and technical information, particularly on innovations relating to the protection and conservation of movable cultural property.

The foregoing is the authentic text of the Recommendation duly adopted by the General Conference of the United Nations Educational, Scientific and Cultural Organization during its twentieth session, which was held in Paris and declared closed the twenty-eighth day of November 1978.
In faith whereof we have appended our signatures.
The President of General Conference - The Director General

Appendice 4

ICCROM: General Assembly 12th Session, Rome 10, 11 and 12 May 1983

The 12th Session of ICCROM General Assembly

Considering that archaeological finds from excavations may far exceed the existing possibilities for conservation, and that these researches undertaken may ignore or be in contradiction with the basic needs of conservation – a situation which can lead to serious damage to the historical and cultural heritage of each country and, consequently, of mankind,

Considering on the other, that many results of archaeological excavations are not published thus negatively contributing to scientific knowledge and mankind's history, since valuable information may be lost forever,

Taking into account that the "Recommendation on International Principles applicable to Archaeological Excavations" adopted by UNESCO General Conference at its Ninth Session, New Delhi, 5 December 1956, has already pointed this out,

Recommends that the Member States

a) take the necessary measures to prevent archaeological site being opened up – except in special circumstances without due consideration being given to the necessary requirements of conservation;
b) delay excavation if progress reports are not submitted in reasonable time;
c) see publication as an integral part of excavation and support it by adequate finance;
d) take the necessary measures for adequate, safe and secure storage facilities for archaeological finds to avoid the loss and deterioration of scientific and cultural evidence, thus causing possible illicit traffic.

Rome, May 1983

Appendice 5

Caratteristiche chimiche e tossicologiche dei principali solventi utilizzati nel campo del restauro[135]

ACETATO DI ETILE

Nome chimico	acetato di etile
Sinonimi/Composizione	estere etilico dell'acido acetico
Rischi	facilmente infiammabile, tossico
Vie di penetrazione	Inalazione
Precauzioni	utilizzare in luogo ventilato, lontano da fiamme
Velocità evaporaz.	molto volatile
Conservazione	luogo fresco e ventilato, lontano da fonti di calore
Solubilizza total.	Mastice, Mowilith 50, Paraloid B44, Paraloid B72
Solubilizza parzial.	Dammar, resine chetoniche
Non solubil.	Cera d'api, Gommalacca
Note	reagisce con ossidanti forti (es: acqua ossigenata vol 130%)

ACETONE

Nome chimico	2 – propanone
Sinonimi/Composizione	dimetilchetone
Rischi	facilmente infiammabile, tossico
Vie di penetrazione	Inalazione
Precauzioni	utilizzare lontano da fiamme, in luogo ventilato
Velocità evaporaz.	molto volatile
Conservazione	luogo fresco e ventilato, lontano da fonti di calore
Solubilizza total.	Mowilith 50, Paraloid B44, Paraloid B72
Solubilizza parzial.	Gommalacca, Mastice, Dammar
Non solubil.	Cera d'api, resine chetoniche
Note	reagisce violentemente con cloroformio in ambiente alcalino

ACIDO ACETICO al 99%

Nome chimico	acido acetico
Sinonimi/Composizione	acido acetico glaciale
Rischi	infiammabile, provoca gravi ustioni
Vie di penetrazione	inalazione, contatto
Precauzioni	utilizzare protezioni e ventilazione sufficiente
Velocità evaporaz.	
Conservazione	luogo fresco e ventilato, lontano da fonti di calore
Solubilizza total.	polivinilacetati se concentrato
Solubilizza parzial.	
Non solubil.	
Note	il potere solvente è connesso all'acidità (PH)

[135]Torraca 1980; Masschelein - Kleiner 1982; Matteini - Moles 1994

ACQUA RAGIA MINERALE

Nome chimico	
Sinonimi/Composizione	solvente a base di idrocarburi alifatici, distillato dal petrolio
Rischi	infiammabile, tossico
Vie di penetrazione	inalazione
Precauzioni	utilizzare in ambiente areato, lontano da fiamme
Velocità evaporaz.	
Conservazione	luogo ventilato, lontano da fonti di calore
Solubilizza total.	grassi, bitumi, cere e paraffine, resine acriliche
Solubilizza parzial.	
Non solubil.	resine naturali ad eccezione del Dammar
Note	può reagire con ossidanti forti (es. acqua ossigenata vol. 130%)

ALCOOL ETILICO

Nome chimico	etanolo
Sinonimi/Composizione	
Rischi	facilmente infiammabile
Vie di penetrazione	
Precauzioni	utilizzare lontano da fiamme e scintille
Velocità evaporaz.	molto volatile (meno dell'acetone)
Conservazione	lontano da fonti di calore e in luoghi ventilati
Solubilizza total.	Resine chetoniche, Mastice, Gommalacca
Solubilizza parzial.	Dammar, Mowilith 50
Non solubil.	Cera d'api, Paraloid B72
Note	reagisce con ossidanti forti (es. acqua ossigenata vol. 130%)

CLORURO DI METILENE

Nome chimico	diclorometano
Sinonimi/Composizione	
Rischi	molto tossico
Vie di penetrazione	inalazione
Precauzioni	evitare il contatto con la pelle e utilizzare in luoghi molto areati
Velocità evaporaz.	molto volatile
Conservazione	in luoghi freschi e ben ventilati
Solubilizza total.	Dammar, polivinilacetati (Mowilith 50), acrilici (Paraloid B44-B72), resine chetoniche
Solubilizza parzial.	Cera d'api, Mastice
Non solubil.	Gommalacca
Note	In presenza di calore decompone e libera gas tossici

DILUENTE NITRO

Nome chimico	
Sinonimi/Composizione	miscela di solventi organici: esteri, chetoni, alcoli e idrocarburi aromatici
Rischi	facilmente infiammabile e tossico
Vie di penetrazione	Inalazione
Precauzioni	utilizzare in luoghi areati e lontano da fiamme o scintille
Velocità evaporaz.	
Conservazione	in luoghi areati e freschi, lontano da ossidanti forti (es. acqua ossigenata)
Solubilizza total.	resine sintetiche e naturali
Solubilizza parzial.	
Non solubil.	
Note	in caso d'incendio non usare acqua ma polvere chimica

TRICLOROETANO

Nome chimico	1,1,1 - tricloroetano
Sinonimi/Composizione	metilcloroformio, cloroetene
Rischi	tossico
Vie di penetrazione	inalazione
Precauzioni	proteggere occhi e pelle, utilizzare in luoghi areati
Velocità evaporaz.	molto volatile
Conservazione	luoghi freschi e areati, lontano da metalli leggeri e zinco
Solubilizza total.	Mastice, Dammar, poliviniliacetati (Mowilith 50), Paraloid B72
Solubilizza parzial.	
Non solubil.	
Note	

XILOLO

Nome chimico	dimetilbenzene
Sinonimi/Composizione	xilene
Rischi	infiammabile, tossico, irritante per la pelle
Vie di penetrazione	inalazione, contatto
Precauzioni	utilizzare in luoghi areati e con protezioni
Velocità evaporaz.	molto poco volatile
Conservazione	luoghi freschi e areati
Solubilizza total.	acrilici (Paraloid B72, B44), Mastice, Dammar, resine chetoniche
Solubilizza parzial.	Cera d'api, Mowilith 50
Non solubil.	
Note	reazione esotermica con alcuni acidi e ossidanti forti

Bibliografia

AA.VV.
-1982 An Introduction to Materials. *Science for Conservators vol.1*, London.

Accardo, G - Vigliano, G.
-1989 *Strumenti e materiali del restauro*, Roma.

Andrew, L.P.
-1977 *Ceramic and Glass Conservation: Preventive Measures*, in «Museum News», 3, pp. 5 - 9.

Ascenzi, A.
-1963 Microscopy and Prehistoric Bone, in D. Brothwell - E. Higgs - G. Clark (eds) *Science in Archaeology*, pp. 330 - 341.

Bailly, M.
-1990 Le verre, in M.C. Berducou (coordonné par) *La conservation en archéologie*, Paris, pp. 120 - 162.

Barker, P.
-1977 *Techniques of Archaeological Excavation*, London.

Berducou, M.C.
-1987 La céramique et le verre, in *Conservation des sites et du mobilier archéologiques. Principes et méthodes*, Études et documents sur le patrimoine culturel n. 15, UNESCO, Paris, pp. 22 - 33.
-1990 La céramique archéologique, in M.C. Berducou (coordonné par) *La conservation en archéologie*, Paris, pp. 78 - 119.

Bertholon, R. - Relier, C.
-1987 Le problème des métaux archéologiques, in *Conservation des sites et du mobilier archéologiques. Principes et méthodes*, Études et documents sur le patrimoine culturel n. 15, UNESCO, Paris, pp. 60 - 69.
-1990 Les métaux archéologiques, in M.C. Berducou (coordonné par) *La conservation en archéologie*, Paris, pp. 163 - 221.

Binford, L.R.
-1982 *The Archaeology of Place*, in «Journal of Anthropological Archaeology», 1, pp. 5 - 31.

Boscato, P.
-1993 Consolidamento e prelievo del materiale osseo nella paleosuperficie di Isernia La Pineta, in *Archeologia, recupero e conservazione*, Fiesole.

Brill, R.
-1963 *Ancient Glass*, in «Scientific American», 11, pp. 120 - 131.

Brothwell, D.R.
-1981 *Digging up Bones*, London.

Buys, S. - Oakley, V.
-1998 *Conservation and Restoration of Ceramics*, Oxford.

Carandini, A.
-1996 *Storie dalla terra*, Torino.

Castelletti, L.
-1988 Legni e carboni in archeologia, in I. Mannoni - A. Molinari (a cura di) *Scienze in Archeologia*, CNR - Università degli Studi di Siena, pp. 321 - 394.

Chavigner, F.
-1987 Le prélèvement d'objets archéologiques, in *Conservation des sites et du mobilier archéologiques. Principes et méthode,* Études et documents sur le patrimoine culturel n. 15, UNESCO, Paris, pp. 91 - 100.
-1990 Intervention sur le terrain: le mobilier, in M.C. Berducou (coordonné par) *La conservation en archéologie*, Paris, pp. 36 - 77.

Collinson, M.
-1995 Conservation and care of palaeobotanical material, in C. Collins (ed.) *The Care and Conservation of Palaeontological Material*, Oxford, pp. 31 - 46.

Cremaschi, M. - Rodolfi, G.
-1991 *Il suolo*, Roma.

Cuomo Di Caprio, N.
-1985 *La ceramica in archeologia*, Roma.

Daintith, C.A.
-1988 *Conservazione e restauro dei reperti di vetro*, Firenze.

D'Amicone, E.
-1989 Forme e materiali della produzione vascolare, in A.M. Donadoni Roveri (a cura di) *Civiltà degli Egizi. La vita quotidiana*, Torino, pp. 76 - 105.

De Guichen, G.
-1995 Object Interred, Object Disinterred, in N.S. Price (ed.) *Conservation on Archaeological Excavations*, ICCROM, Rome, pp. 21 - 28.

De La Baume, S.
-1990 Les matériaux organiques, in M.C. Berducou (coordonné par) *La conservation en archéologie*, Paris, pp. 222 - 270.

Doro Garetto, T. - Masali, M. - Porro, M.
-1993 Lo studio antropologico dei materiali incinerati, in S. Borgognini Tarli - E. Pacciani (a cura di) *I resti umani nello scavo archeologico*, Roma, pp. 289 - 304.

Efremov, I.A.
-1940 *Taphonomy: A New Branch of Palaeontology*, in «Pan-American Geologist», 74, pp. 81 - 93.

Emiliani, T.
-1971 *La tecnologia della ceramica*, Faenza.

Ferrè, M.
-1987 Les macro-restes végétaux, in *Conservation des sites et du mobilier archéologiques. Principes et méthodes,* Études et documents sur le patrimoine culturel n. 15, UNESCO, Paris, pp. 83 - 87.

Ferri, P. - Pacini, M.
-2001 *La nuova tutela dei beni culturali e ambientali*, Milano.

Goffer, Z.
-1980 *Archaeological Chemistry: a Sourcebook on the Application of Chemistry to Archaeology*, New York.

Grilletto, R.
-1987 *La splendida vita delle Mummie*, Milano.

Gupe, G. - Garland, A.N.
-1992 *Histology of Ancient Human Bone: Methods and Diagnosis*, New York.

Hodges, H.W.M.
-1964 *Artifacts an Introduction to Early Materials and Technology*, London.
-1987 The Conservation Treatment of Ceramics in the Field, in H.W.M. Hodges (ed.) *In Situ Archaeological Conservation*, Mexico City, pp. 144 - 149.

Janaway, R. - Wilson, A. - Caffell, A. - Roberts, C.
-2001 Human Skeletal Collections: The Responsibilities of Project Managers, Physical Anthropologists, Conservators and the Need for Standardized Condition Assessments, in Williams E. (ed.) *Human Remains*, BAR International Series, 934, Oxford,
pp. 199 - 208.

Johansson, L.U.
-1987 Bone and Related Materials, in H.W.M. Hodges (ed.) *In Situ Archaeological Conservation*, Mexico City, pp. 132 - 137.

Johnson, J.
-2001 A Long-Term Look at Polymers Used to Preserve Bone, in Williams E. (ed.) *Human Remains*, BAR International Series, 934, Oxford, pp. 99 - 102.

Jones, J.
-1980 *The Use of Polyurethane Foam in Lifting Large Fragile Objects on Site*, in «Conservator», *4*, pp. 31 - 34.

Koob, S.P.
-1992 Recovery and Treatment of Skeletal Remains at Herculaneum, in R. Payton (ed.) *Retrieval of Objects from Archaeological Sites*, Denbigh, pp. 157 - 166.

La Fontaine, R.H.
-1984 *Silica Gel*, in «Technical Bulletin», 10, Canadian Conservation Institute (CCI), Toronto.

Lauring, P.
-1957 *The Land of the Tollund Man*, London.

Leoni, M.
-1984 *Elementi di Metallurgia applicata al restauro delle opere d'arte*, Firenze.

Malina, J. - Vašiček, Z.
-1997 *Archeologia. Storia, problemi, metodi*, Milano.

Mallegni, F. (a cura di)
-2001 *Denti*, Pisa.

Mallegni, F.-Rubini, M.
-1994 *Recupero dei materiali scheletrici umani in archeologia*, CISU, Roma.

Manzi, G. - Salvadei, L.
-1985 *Il trattamento preliminare e lo studio dei reperti d'interesse antropologico*, in «Museologia scientifica», Vol.II (3-4), pp. 193 - 204.

Marshall, L.G.
-1989 Bone Modification and "The Laws of Burial", in R. Bonnichsen - M.H. Sorg (eds) *Bone Modification*, Maine, pp. 7 - 24.

Masschelein Kleiner, L.
-1982 *Les Solvants*, ICCROM, Rome.

Mattini, M. - Moles, A.
-1994 *La chimica nel Restauro*, Fiesole.

Meyer, N.
-1990 Gérer le matériel archéologique, in M.C. Berducou (coordonné par) *La conservation en archéologie*, Paris, pp. 408 - 419.

Newton, R.G.
-1971 *The enigma of layered crust on some weathered glasses, a chronology account of the investigations*, in «Archaeometry», 13, pp.1 - 9.

Newton, R. G. - Davison, S.
-1989 *Conservation of glass*, London.

Pacciani, E.
-1993 Le tecniche di recupero dei resti ossei sul campo, in S. Borgognini Tarli - E. Pacciani (a cura di) *I resti umani nello scavo archeologico*, Roma, pp. 25 - 45.

Panagiaris, G.
-2001 The Influence of Conservation Treatments on Phisical Anthropology Research, in Williams E. (ed.) *Human Remains*, BAR International Series, 934, Oxford, pp. 95 - 98.

Payton, R.
-1992 On-Site Conservation Techniques: Lifting Principles and Methods, in R. Payton (ed.) *Retrieval of Objects from Archaeological Sites*, Denbigh, pp. 1 - 26.

Pedelì, C. - Pulga, S.
-2000 *Primo intervento sullo scavo*, Museo Internazionale delle Ceramiche, Faenza.
-2002 *Pratiche conservative sullo scavo archeologico*, Firenze.

Petrie, W.M.F.
-1904 *Methods and Aims in Archaeology*, London.

Planck, M.
-1964 *La conoscenza del mondo fisico*, Torino.

Price, N.S.
-1987 Preventive Measures During Excavation and Site Protection: A Review of the ICCROM/University of Ghent Conference, November, 1985, in H.W.M. Hodges (ed.) *In Situ Archaeological Conservation*, Mexico City, pp. 11 - 21.
-1995 Excavation and Conservation, in N.S. Price (ed.) *Conservation on Archaeological Excavations*, ICCROM, Rome, pp. 1 - 9.

Renfrew, C. - Bahn, P.
-1995 *Archeologia. Teoria, metodi e pratica*. Bologna.

Rosati, G.
-1989 Ornamenti preziosi: gioielli e amuleti, in A.M. Donadoni Roveri (a cura di) *Civiltà degli Egizi. La vita quotidiana*, Torino, pp. 218 - 231.

Salvadei, L. - Santandrea, E. - Manzi, G.
-1997 Tra biologia e cultura: i resti scheletrici incinerati delle necropoli delle Terramare emiliane, in M. Bernabò Brea - A. Cardarelli - M. Cremaschi (a cura di) *Le Terramare: la più antica civiltà padana*, Modena, pp. 698 - 702.

Saunders, S.R. - Katzenberg, A. (eds.)
-1992 *Skeletal Biology of Past Peoples: Research Methods*, New York.

Scichilone, G.
-1995 On-Site Storage Finds, in N.S. Price (ed.) *Conservation on Archaeological Excavations*, ICCROM, Rome, pp. 51 - 58.

Sease, C.
-1994 *A Conservation Manual for the Field Archaeologist*, (Ser. Archaeological Research Tools 4), Institute of Archaeology, University of California, Los Angeles.
-1995 First Aid Treatment for Excavated Finds, in N.S. Price (ed.) *Conservation on Archaeological Excavations*, ICCROM, Rome, pp. 29 - 46.

Shelton, S.Y. - Johnson, J.S.
-1995 Conservation of sub-fossil bone, in C. Collins (ed.) *The Care and Conservation of Palaeontological Material*, Oxford, pp. 59 - 71.

Shiffer, M.B.
-1976 *Behavioural Archaeology*, New York/London.
-1987 *Formation Processes of the Archaeological Record*, Albuquerque.

Singley, K.R.
-1981 *Caring for Artefact After Excavation: Some Advise for Archaeologist*, «Historical Archaeology», 15.

Tamiozzo, R.
-1998 *La legislazione dei beni culturali e ambientali*, Milano.

Tétrault, J.
-1992 Matériaux de construction, matériaux de destruction, in *Conservation Restauration des Biens Culturels: la Conservation Preventive*, A.R.A.A.F.U., Paris, pp. 163 - 176.

Torraca, G.
-1980 *Solubilité et Solvants Utilisés dans la Restauration*, ICCROM, Rome.

Tuck, J.A. - Logan, J.A.
-1987 Archaeology and Conservation: Working Together? In H.W.M. Hodges (ed.) *In Situ Archaeological Conservation*, Mexico City, pp. 56 - 63.

Ubelaker, D.G.
-1984 *Human Skeletal Remains*, Taraxacum/Washington.

Watkinson, D. - Neal, V.
-1998, *First Aid for Finds*, United Kingdom Institute for Conservation of Historic and Artistic Works, Archaeology Section - 2nd edition, London.

White, T.D.
-1991 *Human Osteology*, San Diego/London.